HUDDLING

세상을 사는 힘
허들링

공수길 지음
함종필 그림

세상을 사는 힘
허들링

ⓒ 생명의말씀사 2012

2012년 9월 10일 1판 1쇄 발행

펴낸이 | 김창영
펴낸곳 | 생명의말씀사

등록 | 1962. 1. 10. No.300-1962-1
주소 | 서울 종로구 송월동 32-43(110-101)
전화 | 02)738-6555(본사) · 02)3159-7979(영업)
팩스 | 02)739-3824(본사) · 080-022-8585(영업)

지은이 | 공수길
그림 | 함종필

기획편집 | 유선영, 장주연
디자인 | 이경희
인쇄 | 영진문원
제본 | 정문바인텍

ISBN 978-89-04-15988-8 (03230)

저작권자의 허락없이 이 책의 일부 또는 전체를
무단 복제, 전재, 발췌하면 저작권법에 의해 처벌을 받습니다.

HUDDLING

추천의 글

토막 난 낙지 다리가 접시에 속필로 쓴다
숨 가쁜 호소(呼訴) 같다
장어가 진창에다 온몸으로 휘갈겨 쓴다
성난 구호(口號) 같다
뒤쫓는 전갈에게도 도마뱀 꼬리가 얼른 흘려 쓴다
다급한 쪽지글 같다
지렁이도 배밀이로 한 자 한 자씩 써나간다
비장한 유서(遺書) 같다
민달팽이도 목숨 걸고 조심조심 새겨 쓴다
공들이는 상소(上疏) 같다
쓴다는 것은
저토록 무모한 육필(肉筆)이란 말이지
몸부림쳐 혼신을 다 바치는 거란 말이지

- 유안진, 〈겁난다〉

공수길 목사님의 글이 꼭 그렇습니다. 어떤 글은 구호처럼, 어떤 글은 유서처럼, 어떤 글은 상소처럼, 어떤 글은 호소처럼 읽히는 것은 왜일까요? 저자가 육필로 써낸 글이어서입니다. 말기 암과 사투를 벌이면서도 삶에 대한 긍정적인 태도를 보여주어 전 세계 사람들에게 감동과 희망을 선사한 랜디 포쉬(Randy Pausch)의 어록을 보는 듯합니다.

희망과 기쁨은 암세포를 죽이는 명약입니다.
사람에게 가장 무서운 병은 절망이라는 악성 종양입니다.
만복의 근원은 감사하는 마음에 있습니다.
믿음을 가진 사람은 고난의 밤에도 희망의 아침을 노래할 수 있습니다.

저자가 혼신을 다해 말하고 싶었던 것은 행복과 사랑, 고난과 믿음, 그리고 지혜입니다. 한마디로 말해 생활의 영성입니다. 글을 읽다 슬며시 고개를 끄떡거리며 미소 짓는가 하면 박수를 치게도 됩니다. 내 마음을 어루만지는 감성, 사실을 꿰뚫는 통찰이 있어서입니다. 글을 읽다 내 마음의 행복 사전을 쓰게 되는 것도 큰 수확입니다.

물고기는 물과 싸우지 않습니다.

달팽이는 느리지만 뒤로 물러서지는 않습니다.
만약 깨끗하게 포기할 수 있다면 그것은 꿈이 아닙니다.

마음이 분노로 일렁거리고 불안이 안개처럼 스며들 때, 삶에 무력감이 찾아오고 따분해질 때 조용히 이 글을 꺼내 읽어볼 일입니다. 저자가 우리에게 다가와 속삭입니다. 이제 그 속삭임에 귀 기울여볼 일입니다. 모든 분들께 일독, 이독, 삼독을 권합니다.

— 송길원(가족생태학자, 행복발전소 하이패밀리 대표)

추천의 글

공수길 목사님의 책 제목인 '허들링'(Huddling)의 의미를 더 자세히 알고 싶어서 찾아보았더니 이런 의미였습니다.

알을 품은 황제펭귄들이 한데 모여 서로의 체온으로 혹한의 겨울 추위를 견디는 방법으로 무리 전체가 돌면서 바깥쪽과 안쪽에 있는 펭귄들이 계속해서 서로의 위치를 바꾸는 행위를 말한다.

그러면서 언젠가 TV에서 본 장면이 문득 떠올랐습니다. 눈 폭풍이 몰아지기 선에 바람을 이겨내기 위해 서식지의 중앙을 향해 1제곱미터 안에 10마리가 들어설 정도로 빽빽하게 밀착하여 움직이는 펭귄들의 모습이었습니다. 안은 바깥보다 10도 정도가 더 따뜻한데, 그 안에서 몸을 덥힌 펭귄이 자연스럽게 밖으로 나오고, 밖에서 눈 폭풍을 온몸으로 받아내던 펭귄은 안으로 들어가는 움직임이 끊임없이 이어졌습니다. 이렇게 서로의 체온을 나눔으로 살아가는 모습을 보면서

'우리가 이 땅에서 그리스도인으로서 저렇게 살아가야 하는데……'라고 생각했습니다. 그런 의미에서 이 책은 우리가 이 세상에서 그리스도인으로서 어떻게 살아가야 할지를 알려주는 지침서와도 같습니다.

먼저 제1부 '행복'에서는 희망을 품는 것, 하나님을 경외하는 삶, 행복한 가정의 법칙, 행복의 비결, 진정한 자유, 행복의 근원이 되는 감사, 화를 다스리는 삶, 협력, 진정한 삶의 가치와 소중함을 일깨워주는 치료제로서의 나눔에 대해 이야기합니다.

제2부 '지혜'에서는 신뢰를 주는 정직, 관점의 차이, 비판하지 말아야 할 이유, 명석함과 지혜로움의 차이, 용기 있는 사람, 상대방을 살리고 자기를 살리는 최고의 명약인 용서, 분별하는 지혜, 겸손한 성품을 위해 필요한 훈련, 상대방을 배려하는 최선, 나를 들여다보기, 서두르지 않는 지혜를 이야기합니다.

제3부 '사랑'에서는 사랑하면서 생기는 오해, 논리를 뛰어넘는 사랑, 자기희생, 헌신, 따뜻한 마음을 전하는 삶, 화해, 자녀를 위한 부모의 말, 성숙한 사랑, 사람을 아름답게 만드는 사랑, 사랑의 중요한 두 가지 의무인 주는 것과 용서하는 것, 섬김, 사랑받는 사람의 비밀

을 소개합니다.

제4부 '믿음'에서는 변화, 실천, 삶에 있어서 가장 위대한 힘을 발휘하는 기도, 하나님께 인정받는 비결, 예수님 바라보기, 동행자, 섬기는 지도자, 이 땅에 복음을 전했던 선교사, 문제의 해답을 준비하고 계시는 성령, 기도로 시작된 나라, 자원함과 기쁨으로 드리는 헌금, 소망을 발견하는 죽음에 대해 소개합니다.

마지막으로 제5부 '고난'에서는 인내로 맺어지는 열매, 희망이 있다고 믿는 사람에게 찾아오는 희망, 멈추지 않는 도전, 우리를 사망으로 이끄는 죄의 유혹, 복음의 십자가와 착각의 십자가, 내가 져야 하는 십자가, 성공한 사람들의 한결같은 공통점, 영광의 상처, 염려의 쥐, 고난 이후에 찾아오는 축복, 하나님의 뜻, 아름다운 변화에 대해 이야기합니다.

이 책을 통해 우리 인생에서 만나게 되는 행복, 지혜, 사랑, 믿음, 고난의 이야기를 거울삼아 자신을 희생하여 서로의 체온을 나누면서 살아가는 펭귄처럼 우리 모두가 세상을 이기는 그리스도인이 되기를 소망해 봅니다.

— 김병삼(만나교회 담임목사)

프롤로그

김민기 씨의 노래 〈작은 연못〉의 가사입니다.

깊은 산 오솔길 옆 자그마한 연못엔
지금은 더러운 물만 고이고 아무것도 살지 않지만
먼 옛날 이 연못엔 예쁜 붕어 두 마리
살고 있었다고 전해지지요 깊은 산 작은 연못

어느 맑은 여름날 연못 속에 붕어 두 마리
서로 싸워 한 마리는 물 위에 떠오르고
여린 살이 썩어들어가 물도 따라 썩어들어가
연못 속에선 아무것도 살 수 없게 되었죠

깊은 산 오솔길 옆 자그마한 연못엔
지금은 더러운 물만 고이고 아무것도 살지 않죠

요즘 사회적 이슈인 대형마트의 의무 휴업으로 논란이 많습니다.

대규모 할인점은 핵폭탄과도 같이 주변에 있는 슈퍼마켓과 구멍가게를 초토화시킨다고 합니다. "대교회 하나가 버스를 동원하여 사람을 자기 교회로 실어 나르면 버스 한 대당 하나꼴로 개척교회가 무너져 간다."는 글을 읽은 적이 있습니다. 자기의 영역만 고집하고, 조금도 양보하지 않고, 손해 보지 않으려는 마음속에는 사랑이라는 보물이 자리 잡을 틈이 없습니다.

신영복 교수는 감옥으로부터의 사색이라는 책에서 이렇게 말했습니다.

> 차가운 빗속에 서 있는 사람에게 남는 우산 하나 빌려주는 것보다 그 비를 함께 맞으며 같은 길을 가는 사람에게 더 뜨거운 사랑을 느낀다.

우산을 받은 것보다는 그 사람이 나와 함께하고 있다는 사실이 더 큰 기쁨입니다. 하나님이 주신 것을 함께 누리지 않는 섬김은 아무것도 아닙니다.

지난 4월 남태평양 괌에 위치한 한인교회 '아름다운 연합교회' (Beautiful United Church) 교회 통합 10주년 집회에 다녀왔습니다. 저는 그 교회에서 아름다운 감동을 받았습니다.

교민 5,000여 명이 살고 있는 괌에는 12개의 한인교회가 있었습니다. 그 가운데 2002년 5월에 교단과 신학, 환경이 전혀 다른 세 명의 목회자가 10년째 하나 되어 목회를 펼치고 있었습니다. 구암감리교회(김춘섭 목사), 괌한인침례교회(노진의 목사), 괌두레장로교회(최동묵 목사) 등 세 교회는 단순히 교회를 합치는 것을 넘어서 같은 이름으로 함께 모여 아름다운 선행을 실천하는 교회였습니다. 그 아름다운 모습을 통하여 괌 교민들이 하나님을 찾을 수 있도록 하는 것이 아름다운 연합교회의 꿈이라고 합니다.

존 웨슬리는 1971년 3월 2일, 88세를 일기로 세상을 떠났습니다. 웨슬리가 세상을 떠나기 바로 전날 저녁, 둘러서 있던 사람들에게 했던 유명한 말이 있습니다.

The best of all is God is with us(모든 것 중에 가장 좋은 것은 하나님이 우리와 함께 계시는 것이다).

웨슬리는 하나님이 예수님을 통하여 임마누엘이 되신다는 사실이 인생에서 가장 좋은 일이라고 고백했던 것입니다.

그렇습니다. 이것이 '허들링' 입니다!

하나님이 함께 계신다는 것은 우리 인생에 가장 좋은 일입니다. 하나님이 내 안에 거하시기 때문에 일어나는 일이 최고의 일입니다. 하나님은 과거와 미래의 하나님만이 아니라 늘 현재 속에 함께 계시는 분이십니다.

이 책을 위해서 많은 분들이 함께하셨습니다. 멋지게 그림을 그려주신 함종필 집사님께 깊은 감사를 드립니다. 저의 목회 사역의 행복인 약수동성결교회 교우들과 당회, 저와 함께 같은 길을 걷는 동역자들에게 감사드립니다. 또한 20년 넘도록 함께한 김 집사님 가정에도 감사합니다. 그리고 언제나 변함없이 신뢰하며 함께하는 아내 은경과 딸 하은에게 사랑의 마음을 전합니다.

몇 명의 여행자에게 세계를 일주하는 제일 좋은 방법을 물었습니다. 그러자 어떤 사람은 역사 기행을, 어떤 사람은 크루즈 여행을, 어떤 사람은 배낭여행을 추천했습니다. 그중에서 가장 멋진 답은 사랑하는 사람과 함께 가는 여행이었다고 합니다. 이 책이 인생 여행을 행복하게 해주는 안내자가 되었으면 합니다.

2012년 9월
여러분과 함께 있어서 행복한 공 수 길 목사

목차 HUDDLING

추천의 글 | 4
프롤로그 | 10

제1부
행복 | 19

암세포를 죽이는 명약 / 하나님을 경외하는 자 / 행복한 사람과 불행한 사람 / 행복한 가정의 10가지 법칙 / 주님의 손 안에 / 욕심 / 진정한 자유 / 염치 좋은 인간 / 건강과 행복을 부르는 생활습관 / 만복의 근원, 감사 / 나눔의 신비 / 화를 다스릴 줄 아는 사람 / 협력 공동체 / 감사할 수 있는 이유 / 화 다스리기 / 행복의 근원 / 일, 십, 백, 천, 만

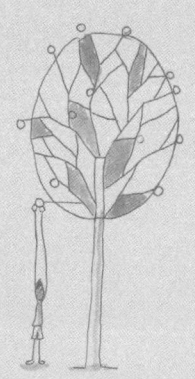

제2부

지혜 | 51

신뢰를 주는 정직 / 인생을 멋지게 사는 10가지 비결 / 걷기의 유익 / 승자의 길과 패자의 길 / 건강하고 젊게 사는 원리 / 관점의 차이 / 비판하지 말아야 할 7가지 이유 / 명석함과 지혜로움의 차이 / 인생길 복기 / 이것 또한 지나가리라 / 마음을 여는 말 / 용기 있는 사람 / 좋은 친구 / 삶에 하나 더 보태고 싶은 것들 / 노인과 청년의 차이 / 최고의 명약 / 나이가 들수록 / 몸과 마음의 일치 / 가면 쓴 방해꾼 / 분별하는 지혜 / 내가 먼저 서기 / 어떤 기도 / 최악으로 가는 최선 / 혈액형의 장점 / 소통의 부재 / 펭귄의 허들링 / 나를 들여다보는 기회 / 좋은 사람 되기 / 지금 / 마의 11분

제3부

사랑 | 109

사랑 고백 / 논리를 뛰어넘는 사랑 / 예수님짜리 / 충분한 사랑 / 부모 닮는 자녀 / 부부농사 망치는 10대 비결 / 희생을 머금은 가족 / 사랑은 헌신입니다 / 따뜻한 마음 / 즐거운 교환 / 아버지를 닮아가는 자녀 / 부모 말의 능력 / 성숙한 사랑 / 사랑의 신비 / 사람을 살리는 사랑 / 더욱 아름다운 교회 / 사랑받는 사람의 비밀

제4부

믿음 | 141

생명을 구원하는 교회 / 니트족 / 구원받은 자의 우선순위 / 성경을 읽어야 할 10가지 이유 / 천국의 섬 / 천국의 섬의 어머니 / 완전한 신앙을 위한 '3H' / 변화의 시작 / 최고전도자 / 영혼의 양식 / 살아 있는 교회 VS 죽어가는 교회 / 부활 나눔 / 역설 주기도문 / 4중 복음 / 교회의 아름다운 발 / 기도의 힘 / 하나님께 인정받는 비결 / 예수님 바라보기 / 하나님도 다루시기 어려운 사람들 / 동행자 / 좋은 지도자 / 그 선교사들처럼 / 우리 인생에 1% 부족한 것 / 절대 후회 없음 / 기도로 시작된 나라 / 용기와 지혜가 필요한 사역 / 마음과 몸으로 드리기 / 순수함으로 / 소망의 'C' / 소망이 된 죽음

제5부

고난 | 199

인내로 열매를 / 최고의 희망 / 멈추지 않는 도전 / 죄의 유혹 / 내 등에 짐이 없었다면 / 착각의 십자가와 복음의 십자가 / 내게 허락하신 십자가 / 성공한 사람들의 공통점 / 영광의 상처 / 염려의 쥐 / 고난 이후 축복 / 진정한 축복 / 하나님의 뜻 / 좋은 것을 얻는 데는 시간이 필요합니다 / 전진하는 자의 벗 / 아름다운 변화

Happiness

Wisdom

Love

Faith

Hardship

HUDDLING

제1부 행복

입체로를 죽이는 명약 / 하나님을 경외하는 자 / 행복한 사람과 불행한 사람 / 행복한 가정의 10가지 법칙 / 주님 약 손 안에 / 욕심 / 진정한 자유 / 엄자 좋은 인간 / 건강 과 행복을 부르는 생활습관 / 만복의 근원, 감사 / 나눔의 신비 / 화를 다스릴 줄 아는 사람 / 영적 공동체 / 감사할 수 있는 이유 / 화 다스리기 / 행복의 근원 / 일, 십, 백, 천, 만

암세포를 죽이는 명약

1982년 미국 보스턴의 한 병원에 뇌암에 걸린 소년이 누워 있었습니다. 그의 이름은 숀 버틀러, 나이는 일곱 살이었습니다. 숀은 의사로부터 회생 불가 판정을 받았습니다.

야구광인 숀은 보스턴 레드삭스의 홈런타자 스테플턴의 열렬한 팬이었습니다. 어느 날 숀의 아버지는 스테플턴에게 편지 한 통을 보냈습니다.

"제 아들은 지금 뇌암으로 죽어가고 있습니다. 당신의 열렬한 팬인 숀이 마지막으로 당신을 한 번 보기를 원합니다."

스테플턴은 숀이 입원한 병원을 방문했습니다. 그리고 이렇게 말했습니다.

"숀, 내가 스테플턴이다. 내일 너를 위해 멋진 홈런을 날려주마. 희망을 버리지 마라."

이튿날 스테플턴은 숀과의 약속을 지켜 펜웨이 파크(Fenway Park) 구장 너머 장외 홈런을 쳤습니다. 그 소식은 숀에게 그대로 전달되었습니다. 소년은 병상에서 환호했습니다.

그런데 그때부터 숀의 병세가 완연하게 나아지기 시작했습니다. 그리고 5개월 후에는 암세포가 말끔히 사라져 퇴원할 수 있었습니다. 기적이 일어난 것입니다.

　희망과 기쁨은 암세포를 죽이는 명약입니다. 사람에게 가장 무서운 병은 절망이라는 악성 종양입니다. 때문에 사람을 쉽게 죽이는 방법은 마음속의 지우개로 희망을 지워버리는 것입니다.
　희망은 언제나, 어디에나 존재합니다. 사망의 골짜기에도 희망은 존재합니다. 음침한 절망의 그림자에 가려 잘 보이지 않을 뿐입니다. 절망은 절망을 낳고, 희망은 희망을 낳습니다.

하나님을 경외하는 자

영국의 BBC 방송이 영국인 100만 명을 대상으로 설문조사를 했습니다. 설문 내용은 "영국 역사상 가장 위대한 지도자는 누구인가?"였습니다. 영예의 1위를 차지한 사람은 윈스턴 처칠(Winston Churchill)이었습니다.

그런데 사실 그의 학창 시절 생활기록부는 엉망이었습니다.

> 품행이 나쁘고 믿을 수 없는 아이, 희망이 전혀 없으며 다른 아이들과 싸움질만 일삼는 문제아

성적도 초라하여 삼수 끝에 육군사관학교에 입학했습니다.

그러나 그는 셰익스피어(William Shakespeare)보다 존경받는 인물이 되었습니다. 이 결과가 어디에서 나온 것입니까?

처칠은 하나님을 경외하는 철저한 믿음의 사람이었습니다. 기도의 사람이었습니다. 전쟁터에서나 국회에서 늘 머리를 숙이고 하나님께 도움을 구하는 지도자였습니다. 이러한 믿음이 처칠을 가장 존경받는 인물이 되게 한 것입니다. 하나님을 경외하며 기도하는 처칠에게 하

나님은 큰 능력을 주셨습니다. 그 신앙이 희망이 없던 소년을 희망을 주는 지도자로 변화시킨 것입니다.

행복한 여생을 원하십니까? 하나님께 대한 믿음의 기본 태도는 경외심입니다. 하나님을 경외하지 않으면 모든 것을 다 잃게 됩니다. 하나님을 경외하지 않으면 지혜가 끊어집니다. 인간의 예와 덕과 품위가 상실되고 맙니다. 그러기에 하나님 경외는 인간의 근본을 지키는 가장 중요한 삶의 자세입니다. 하나님을 경외하시기 바랍니다.

행복한 사람과 불행한 사람

행복한 사람은 남을 위해 기도하는 사람이고,
불행한 사람은 자기만을 위해 기도하는 사람입니다

행복한 사람은 고마웠던 일만 마음에 두는 사람이고,
불행한 사람은 섭섭했던 일만 마음에 두는 사람입니다

행복한 사람은 행동으로 보여주는 사람이고,
불행한 사람은 말로 보여주는 사람입니다

행복한 사람은 자신에게 엄격하고 남에게 부드러운 사람이고,
불행한 사람은 자신에게 후하고 남에게 가혹한 사람입니다

행복한 사람은 몸이 원하는 음식을 먹는 사람이고,
불행한 사람은 입이 원하는 음식을 먹는 사람입니다

행복한 사람은 배에 힘을 주는 사람이고,

불행한 사람은 목에 힘을 주는 사람입니다

우리가 원하는 것을 얻는 것은 성공입니다. 그러나 그것이 행복은 아닙니다. 행복은 성공 이후가 아니라 성공으로 가는 과정, 그 길목에 있습니다. 우리는 그 어느 날이 아니라 매일매일 행복할 수 있습니다.

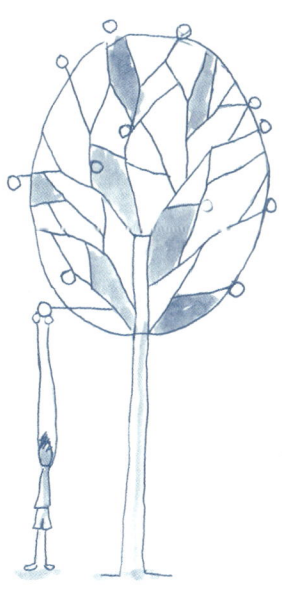

행복한 가정의 10가지 법칙

하나님의 걸작품이라는 책에 보면 '행복한 가정의 10가지 법칙'이 나옵니다. 그 내용은 다음과 같습니다.

1. 한꺼번에 화를 내지 말라.
2. 집에 불이 나지 않는 한 절대로 소리를 지르지 말라.
3. 어떤 비판을 하려거든 사랑스러운 태도로 하라.
4. 과거의 실수를 절대로 들추어내지 말라.
5. 전 세계를 소홀히 할지언정 서로를 소홀히 하지 말라.
6. 배우자에게 한 가지 이상의 칭찬의 말을 하지 않는 하루를 보내지 말라.
7. 만날 때마다 반드시 애정 어린 환영을 하라.
8. 화난 채로 잠자리에 들지 말라.
9. 실수를 했을 때는 그것을 입 밖에 내지 말고 용서를 구하라.
10. 논쟁을 피하려면 서로가 필요하다는 사실을 기억하라.

세상에 완전한 가정이란 있을 수 없습니다. 완전한 가정을 만들려고 애쓸 필요도 없습니다. 대신 행복한 가정을 이루려는 노력이 더 필요합니다. 일본이 낳은 위대한 기독교 사상가인 우치무라 간조는 "가정은 행복을 저축하는 곳이지 행복을 캐내는 곳이 아니다."라고 말했습니다.

비록 가진 것이 많지 않아도 사랑이 있고, 꿈이 있고, 내일의 희망이 있으면 그곳은 행복한 가정입니다. 행복한 가정은 곧 작은 천국입니다.

주님의 손 안에

한 보석상이 있었습니다. 장사가 뜻대로 되지 않자 보석상 주인은 휴가를 떠나면서 종업원에게 메모를 남겼습니다.

이 가게의 보석들을 모두 1/2 가격에 팔아치우게!

그런데 종업원이 주인이 남긴 메모의 숫자 '1/2'을 '2'로 잘못 읽어 보석 값을 두 배로 올렸습니다.

그러자 놀랍게도 보석이 불티나게 팔려나갔습니다. 휴가에서 돌아온 주인은 종업원이 많은 보석을 두 배 값으로 판 것을 알고는 무릎을 쳤습니다.

"그래, 보석은 보석답게 팔아야 하는 거야!"

내 손에 있는 물맷돌은 장난감에 불과하지만 그것이 다윗의 손에 있으면 골리앗을 쓰러뜨리는 무기가 됩니다. 오병이어가 내게 있으면 피시버거에 불과하지만 그것이 주님의 손에 있으면 수천 명을 먹이는 기적의 음식이 됩니다. 우리의 삶도 마찬가지입니다. 나의 삶이 내 손에 있으면 나는 가치 없는 존재에 불과하지만 하나님의 손에 있으면 기적적인 존재가 됩니다. 보석 같은 존재가 됩니다.

우리의 삶은 악기와 같습니다. 내 손으로 내 인생을 연주하려 들지 말고 전능자의 손에 맡겨야 합니다. 그러면 내 인생의 멜로디는 지극히 아름다울 것입니다.

성공의 비결이 무엇입니까? 하나님의 손 안에 있는 것입니다. 행복의 비결이 무엇입니까? 주님의 손 안에 있는 것입니다. 우리가 있어야 할 자리는 주님의 손 안입니다.

욕심

오래전 한 집에 욕심 많은 주인과 마음씨 착한 머슴이 살았습니다. 동이 트자 머슴은 땔감을 구하기 위해 산으로 향했습니다. 그 모습을 지켜보던 주인은 '저 녀석이 산에 가서 빈둥거리며 놀기만 할지도 모르니 오늘은 뒤를 한번 밟아봐야겠다' 고 생각했습니다.

산 중턱쯤 머슴을 좇던 주인은 숨이 차고 다리가 아파 되돌아가려고 했습니다. 그런데 그 순간 갑자기 곰 한 마리가 나타났습니다. 기겁을 하고 달아나려 했지만 몇 발자국 가지 못해 넘어지고 말았습니다.

눈앞에서 하얀 이빨을 드러내고 있는 곰을 보는 순간, 갑자기 "퍽" 하는 소리와 함께 곰이 기우뚱하며 쓰러졌습니다. 정신을 차리고 보니 언제 달려왔는지 머슴이 곰의 등을 도끼로 후려치고 있었습니다. 잠시 후 곰은 죽었고 머슴과 주인은 다리를 절며 마을로 내려왔습니다.

얼마 지나 몸이 회복된 주인은 환한 얼굴로 곰의 가죽을 벗겨 장에 나갔습니다. 하지만 집에 들어선 그의 얼굴은 화가 잔뜩 난 표정이었습니다. 주인은 머슴을 부르고는 이렇게 소리쳤습니다.

"이놈아, 도끼 자국 때문에 반값도 못 받지 않았느냐!"

 행복과 불행은 재물의 많고 적음이 아니라 욕심의 많고 적음에 달려 있음을 너무나 잘 알고 있습니다. 인간을 파멸과 죽음에 이르게 하는 병은 과욕입니다. 욕심은 죄를 낳고 죄는 사망을 낳습니다. 그러나 우리는 여전히 가진 것을 빼앗기지 않으려고 남을 미워하고, 더 가지려고 남의 것을 탐내며 삽니다.

진정한 자유

　많은 사람이 자기 스스로 감옥에 갇혀 삽니다.
　첫째 감옥은 '자기 도취'의 감옥입니다. 주제 파악을 못하고 분수를 모르는 사람입니다.
　둘째 감옥은 '비판'의 감옥입니다. 항상 다른 사람의 단점만 보고 비판하기를 좋아합니다.
　셋째 감옥은 '절망'의 감옥입니다. 항상 세상을 부정적으로 보고 불평하며 절망합니다.
　넷째 감옥은 '과거 지향'의 감옥입니다. 옛날이 좋았다고 하면서 현재를 낭비합니다.
　다섯째 감옥은 '선망'의 감옥입니다. 내 떡의 소중함을 모르고 남의 떡만 크게 봅니다.

　누구나 자유를 원합니다. 진정으로 자유로운 사람이 되기를 꿈꿉니다. 그러면서도 그 자유를 자기 스스로 가장 많이 제약합니다.
　하지만 진정한 자유는 바깥이 아니라 자기 안에 존재합니다. 자기가 자기를 놓아주는 것이 진정한 자유입니다. 스스로 쳐놓은 편견과 욕심의 울타리를 허물고 마음의 울타리를 더욱 크게 넓혀야 합니다.

염치 좋은 인간

주시어도 감사할 줄 모르는
염치 좋은 인간들아
한없이 주셨어도 원망하는
염치 좋은 우리여

독생자 주셨건만 무엇이 부족하냐
생명을 주셨건만 무엇이 적으냐

하나님은 독생자 주셨건만
염치 좋은 인간은 무엇을 주었나
그리스도 생명을 주셨건만
염치 좋은 우리는 무엇을 더 원하나

염치 좋은 인간아 감사하라
염치 좋은 우리여 원망하지 말라

뇌성마비 시인 송명희 씨의 시입니다. 이 시를 읽으면 은혜가 됩니다. 나를 생각하게 하고, 돌이켜보게 하고, 반성하게 하고, 결단하게 합니다.

정말 감사해야 될 것 같은 사람은 염치없이 감사할 줄 모르고, 거의 가진 것 없는 사람은 오히려 더 감사하면서 사는 것을 볼 때 감사란 참 아이러니컬한 것 같습니다.

건강과 행복을 부르는 생활습관

우리가 평생 동안 먹는 음식의 양은 엄청나게 많습니다.

우리가 먹는 밥 한 공기는 약 150g으로 하루에 세 끼면 450g입니다. 이를 80년 동안 먹는다고 하면 1만 3,140kg, 즉 평생 약 13t의 밥을 먹습니다. 한 끼에 네 가지 반찬을 먹는다고 하면 80년 동안 약 35만 400가지의 반찬을 먹습니다.

우리가 평생 동안 마시는 물의 양도 엄청납니다. 사람이 하루에 마시는 물의 양은 국이나 과일 등을 통해서 섭취하는 물까지 포함해 약 2*l*입니다. 1년이면 730*l*를 마시는 것이고 80년이면 5만 8,400*l*의 물을 마시는 것입니다.

통계에 따르면 사람은 평생 동안 6마리의 소, 3t의 물고기와 조개, 3만 7,000개의 달걀, 3.8t의 과일을 먹습니다.

그래서 보통 사람이 평생 동안 먹는 음식을 합치면 50t이 넘습니다. 50t이면 커다란 트럭 몇십 대 분량으로 어마어마한 양입니다.

식탐(食貪)은 모든 욕심의 시작이며, 몸에 병의 씨앗을 뿌리는 것입니다. "적게 먹어서 걸린 병은 다시 먹으면 낫지만 많이 먹어서 걸린 병은 명의 화타나 편작이 와도 못 고친다."는 중국 속담도 있습니다.

위장이 가득 채워지면 심장의 허전하고 슬프고 외롭고 고통스러운 감각을 잊어버릴 수 있습니다. 그래서 마음이 아프고 속이 상할 때 음식을 많이 먹는 사람들이 있습니다. 그것은 영적인 자살 행위입니다.

때때로 마음을 비우고, 배 속도 비우는 시간을 가지는 것이 필요합니다. 생활습관이 병과 화를 부르기도 하고, 건강과 행복을 부르기도 합니다.

만복의 근원, 감사

주님, 저는 당신에게 출세의 길을 위해 힘을 원했으나
당신은 순종을 배우라고 나약함을 주셨습니다.
주님, 저는 위대한 일을 하고 싶어 건강을 청했으나
당신은 보다 큰 선을 행하게 하시려고 병고를 주셨습니다.
주님, 저는 행복하게 살고 싶어 부귀를 청했으나
당신은 지혜로운 자가 되도록 가난을 주셨습니다.
주님, 저는 만인에게 존경받는 자가 되고 싶어 명예를 청했으나
당신은 저를 비참하게 만드시어 당신만을 필요로 하게 해주셨습니다.
주님, 저는 제 삶을 즐겁게 해줄 수 있는 모든 것을 청했으나
당신은 다른 모든 사람들을 즐겁게 해주어야 하는 삶을 주셨습니다.
비록 제가 당신에게 청한 것을 하나도 받지 못했으나
당신이 제게 바라시던 그 모든 것을 주셨사오니 주님, 참으로 감사합니다.

작은 일에 감사하는 사람은 또 다른 감사를 얻습니다. 작은 일을 소홀히 하는 사람에게 하늘은 결코 더 큰 일을 맡기지 않습니다. 범사에 감사해야 합니다. 만복의 근원은 감사하는 마음에 있습니다.

나눔의 신비

오스트리아의 정신의학자 아들러(Alfred Adler)에게 어느 날 우울증 환자가 찾아왔습니다. 환자에게서 별다른 원인을 찾지 못한 아들러는 생각 끝에 그에게 일반적인 우울증 환자가 먹는 약을 주며 말했습니다.

"이 약을 먹으면서 꼭 해야 할 일이 있습니다. 지금부터 2주간 '어떻게 하면 남을 기쁘게 해줄 수 있을까?'를 매일 생각하고 그대로 실천하십시오. 그러면 우울증에서 곧 해방될 수 있을 것입니다."

곧바로 환자는 의사의 처방대로 남을 도울 수 있는 일을 찾아 열심히 봉사하며 살았습니다. 그렇게 며칠을 보내던 어느 날 갑자기 환자는 말로 형언할 수 없는 기쁨이 밀려오는 것을 느낄 수 있었습니다. 아들러의 말대로 환자는 2주 만에 기적처럼 우울증에서 벗어났습니다.

나눔은 진정한 삶의 가치와 소중함을 일깨워주는 치료제입니다. 나누면 줄지 않고 더 많아집니다. 바닥나지 않고 더 채워집니다. 그것이 나눔의 역설이며 나눔의 신비입니다. 게다가 보너스까지 얻게 됩니다. 남을 돕는 것은 곧 자신을 돕는 것입니다. 나눔은 내가 건강하고 부자가 되는 비결입니다.

화를 다스릴 줄 아는 사람

아프리카 열대우림의 어느 부족은 독특한 결투 방식을 가지고 있습니다. 처음에는 서로에게 살기등등한 표정으로 결투에 임합니다. 그런데 두 사람의 손에 쥐어져 있는 것은 창도 칼도 아닙니다. 그것은 우습게도 공작의 깃털입니다. 이 깃털로 상대방을 간지럽혀서 먼저 웃게 하는 것으로 승부가 납니다. 결국 한쪽이 웃음을 터뜨리면 두 사람은 서로를 안아주며 결투를 마무리한다고 합니다.

영국 최고의 검술사 오말에게는 30년 이상 겨루어온 강력한 라이벌이 있었습니다. 한번은 막상막하의 실력을 자랑하는 이 두 명의 검술사가 서로 검술 실력을 다투던 중 상대방이 먼저 말에서 떨어졌습니다. 단 한칼이면 상대를 제압할 수 있는 절호의 기회인 셈이었습니다. 그 순간 궁지에 몰린 상대방이 오말의 얼굴에 침을 뱉었습니다. 상대방의 무례한 행동에 깜짝 놀란 오말은 즉시 검을 내려놓고 이렇게 말했습니다.

"오늘 결투는 여기서 끝내고 다음에 다시 겨루기로 합시다."

어리둥절해진 사람들이 이유를 묻자 오말은 이렇게 말했습니다.

"저는 지난 30여 년간 지켜온 검술 원칙이 하나 있습니다. 그것은 화가 났을 때는 절대로 검을 쓰지 않는다는 것입니다."

살다 보면 화가 나는 일이 정말 많습니다. 화를 다스리는 것은 결코 쉬운 일이 아닙니다. 그러나 화를 다스릴 줄 아는 사람이 결국은 성숙한 인격의 소유자입니다. 자기 자신과 가정, 이웃의 행복과 불행이 여기에 달려 있습니다.

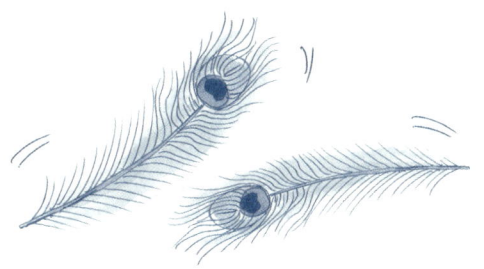

협력 공동체

미국 코미디언 중에 밥 호프(Bob Hope)라는 사람이 있었습니다. 그가 한번은 월남전 참전 용사 위문공연에 초청을 받았습니다. 스케줄 중복으로 여러 번 사양했지만 너무 중요한 모임이니 얼굴이라도 잠깐 보여달라고 하여 5분만 출연하기로 약속했습니다.

드디어 공연 당일, 밥 호프가 무대에 나오자 사람들은 웃기 시작했습니다. 그런데 그는 5분이 지나도 끝낼 생각을 안 하고, 10분, 15분, 25분이 넘었는데도 공연을 계속했습니다. 그렇게 거의 40분 동안 공연을 하고 내려온 밥 호프의 얼굴에는 눈물이 흐르고 있었습니다.

무대 감독이 "어찌 된 일인가요?"라고 묻자 그는 눈물을 닦으며 대답했습니다.

"앞줄에 있는 두 친구 때문입니다."

무대 감독이 나가 보니까 앞줄에 상이(傷痍) 군인 두 사람이 열심히 박수를 치며 기뻐하는 모습이 보였습니다. 둘 다 팔을 하나씩 잃어버린 상태였는데 한 손을 들고 서로 마주치며 노래하고 있었습니다.

그 장면을 본 밥 호프는 다음과 같은 유명한 말을 남겼습니다.

"저 두 사람은 저에게 진정한 기쁨이 무엇인가를 가르쳐주었습니다. 한 팔을 잃어버린 두 사람이 힘을 합하여 함께 기뻐하는 모습을 보면서 저는 참된 기쁨을 배웠습니다."

협력은 함께 가는 것입니다. 자기를 내세우면 함께 갈 수 없습니다. 그러므로 협력은 독창이 아니라 합창입니다. 각자 자기 고유의 목소리를 내되 다른 사람의 목소리에 귀 기울여 하모니를 만들어가는 것입니다. 가정, 직장, 국가, 교회, 그 어떤 곳이든 협력하면 그 공동체는 희망이 있습니다.

감사할 수 있는 이유

　가족생태학자이자 행복발전소 하이패밀리 대표로 있는 송길원 목사님의 글에 이런 내용이 있습니다.

　　가 : 가족을 감사하자(인생 최고의 선물은 가족이다).

　　나 : 나를 감사하자(자신에 대한 최고의 예우는 감사다).

　　다 : 다 감사하자(모두를 감사함이 진짜 감사다).

　　라 : 라이프스타일이 감사가 되게 하자(감사로 사는 하루가 복되다).

　　마 : 마음껏 감사하자(기왕이면 넘치는 감사를 하자).

　　바 : 바로바로 감사하자(감사를 미루면 감사도 시든다).

　　사 : 사건까지도 감사하자(사건도 감사하는 순간 기적으로 돌아온다).

　　아 : 아무에게나 감사하자(감사는 여권과 같다. 국경이 없다).

　　자 : 자동으로 감사하자(감사가 DNA가 될 때 정상을 살게 된다).

　　차 : 차선(次善)도 감사하자(차선이 최선, 최고로 돌아온다).

　　카 : 카운트하듯 감사하자(감사는 헤아리면 헤아릴수록 커진다).

　　타 : 타이밍을 맞춰 감사하자(때에 맞는 감사가 성공의 보증수표다).

　　파 : 파노라마처럼 감사를 펼쳐보자(감사가 마음의 이력서가 된다).

하 : 하루에 다섯 가지를 감사하자(다윗의 다섯 물맷돌처럼 승리를 준다).

모든 일에 감사하기란 참 어렵습니다. 세상에는 짜증나고 원망스러운 일이 가득하기 때문입니다. 아이였을 때는 받은 선물(gift) 자체에 관심이 컸습니다. 그러나 성숙해가면서는 받은 선물보다 더 중요한 것이 그 선물을 준 사람(giver)임을 깨닫게 됩니다.

진정한 기쁨이 되시는 주님을 마음에 모시기 바랍니다. 그분은 우리가 감사할 수 있는 이유가 되십니다.

화 다스리기

우리는 화를 다스릴 줄 알아야 합니다. 자신과 가정, 공동체의 행복과 불행이 거기에 달려 있기 때문입니다. 화를 다스리는 방법 몇 가지를 소개하면 다음과 같습니다.

1. '이것은 있을 수 없는 일이야' 라는 생각을 버려라.

세상에 있을 수 없는 일이란 없고, 무엇인가를 해야만 하는 사람도 없습니다.

2. 극단적인 표현을 삼가라.

"이젠 다 끝장났어"라는 식의 표현은 자신을 함정에 밀어넣는 말입니다.

3. "나 같으면 절대"라는 가정은 하지 말라.

상대방의 입장에서는 또 다른 사정이 있을 수 있습니다.

4. 가끔은 성악설을 믿는 것도 도움이 된다.

인간은 누구나 불완전합니다.

5. 사람과 행동을 구별하라.

사람과 행동을 동일시함으로 자신의 분노를 정당화하려는 경향을 주의해야 합니다.

6. 오늘 낼 화를 내일로 미루라.

흥분 상태에서는 실수하기 쉽습니다.

7. 화를 내는 게 어떤 효용이 있는지 생각하라.

대부분의 분노의 표출은 인간관계와 상황을 악화시킬 뿐입니다.

8. 제3자에게 화풀이하지 말라.

괜히 타인에게 화풀이해 갈등을 두 배로 키우기 쉽습니다.

9. 좋았던 기억을 떠올려라.

즐거웠던 추억을 떠올리고 나쁜 기억을 놓아내기 위해 노력해야 합니다.

10. 남의 일처럼 생각하라.

내가 주인공인 드라마를 보는 기분으로 한 발자국 떨어져 생각하면 비극적 상황도 낭만적이거나 코믹하게 느껴집니다.

행복의 근원

박필 목사님의 책 감사의 비밀에 보면, 하나님이 좋아하시는 과일은 두 가지라고 합니다. 그것은 바로 사과와 감입니다.

왜 사과일까요?

사과는 '잘못했다'는 말입니다. 하나님께 잘못했다고 고백하는 것을 하나님은 좋아하시기 때문입니다.

감을 좋아하시는 이유는 무엇일까요?

'감을 사오는 것을 좋아한다'는 말을 줄이면 '감사'가 되기 때문입니다.

감사는 하나님을 영화롭게 하는 것이요, 하나님이 감동하시는 신앙인이 마땅히 가져야 할 마음가짐입니다. 만복의 근원이 감사하는 마음에 있습니다. 범사에 감사, 행복의 근원입니다.

일, 십, 백, 천, 만

행복하게 살기 위해서는 '일, 십, 백, 천, 만'의 이론을 실천하면 된다고 합니다.

일 : 하루에 한 가지 이상 좋은 일을 하고
십 : 하루에 열 번 이상 웃고
백 : 하루에 백 자 이상 글을 쓰고
천 : 하루에 천 자 이상 글을 읽고
만 : 하루에 만 보 이상 걸으라.

건강은 몸의 건강에서 비롯됩니다. 마음이 건강해야만 몸도 건강할 수 있습니다. 따라서 몸과 마음이 함께 건강해야 합니다. 매사에 긍정적인 사고를 하고, 자기 관리를 하고, 규칙적으로 운동하는 것이 행복의 시작입니다. 더 늦기 전에 바로 시작하십시오.

HUDDLING

제2부

지혜

신뢰를 주는 정직 / 인생을 멋지게 사는 10가지 비결 / 걷기의 유익 / 승자의 길과 패자의 길 / 건강하고 젊게 사는 원리 / 관점의 차이 / 비판하지 말아야 할 7가지 이유 / 명석함과 지혜로움의 차이 / 인생길 복기 / 이것 또한 지나가리라 / 마음을 여는 말 / 용기 있는 사람 / 좋은 친구 / 삶에 하나 더 보태고 싶은 것들 / 노인과 청년의 차이 / 최고의 명약 / 내가 독수리 / 몸과 마음의 일치 / 가면 쓴 방해꾼 / 분별하는 지혜 / 내가 먼저 서기 / 어떤 기도 / 최악으로 가는 최선 / 혈액형의 장점 / 소통의 부재 / 펭귄의 허둘링 / 나를 돌아다보는 기회 / 좋은 사람 되기 / 지금 / 마의 11분

신뢰를 주는 정직

YTN에서 발표한 바에 의하면, 시중 참기름 147개 제품 중에 76개가 불량품이라고 합니다. 51.7%가 참기름이 아니라는 것입니다. 값싼 콩기름, 들기름, 유채기름을 섞어 만든 것입니다.

꿀도 가짜로 만듭니다. 설탕을 끓이고는 초콜릿이나 시럽을 섞어서 밤꿀같이 만들어 속입니다. 올리브유에서는 발암물질인 카드뮴이 검출되었습니다.

정직하면 당장에는 손해를 입을 수도 있습니다. 그러나 그 손해가 나중에는 견줄 수 없는 믿음과 신뢰로 돌아옵니다. 고린도전서 10장 32-33절은 이렇게 말씀합니다.

> "유대인에게나 헬라인에게나 하나님의 교회에나 거치는 자가 되지 말고 나와 같이 모든 일에 모든 사람을 기쁘게 하여 자신의 유익을 구하지 아니하고 많은 사람의 유익을 구하여"(고전 10:32-33).

한 조사에 의하면, 사람들은 하루에 약 200번, 즉 약 8분에 한 번꼴로 거짓말을 한다고 합니다. 그러나 정직이 경쟁력입니다. 정직은 인정받는 것입니다. 좀 늦을 뿐입니다.

  우리는 어디를 가든지 필요한 사람, 유익을 주는 사람, 너도 살고 나도 살고, 다 같이 잘사는 삶을 하나님 앞에 감당해야 합니다.

인생을 멋지게 사는 10가지 비결

우리는 많은 것들을 시행착오를 겪은 뒤에야 깨닫습니다. 이 깨달음들이 모여 인생의 그림을 만들어나갑니다. 깨달음에서 얻은 '인생을 멋지게 사는 10가지 비결'은 다음과 같습니다.

1. 아침에 힘차게 일어나라.

   시작이 좋아야 끝도 좋습니다.

2. 당당하게 걸으라.

   값진 삶을 살려면 가슴을 펴고 당당하게 걸어야 합니다.

3. 오늘 일은 오늘로 끝내라.

   미루는 것은 죽음에 이르는 병입니다.

4. 시간을 정해 놓고 책을 읽으라.

5. 웃는 훈련을 반복하라.

   사람은 웃다 보면 자신도 모르게 긍정적으로 바뀝니다.

6. 말하는 법을 배우라.

해야 할 말과 해서는 안 될 말을 분간하는 법을 깨달아야 합니다.

7. 하루에 한 가지씩 좋은 일을 하라.

8. 자신을 해방시키라.

마음을 열면 행복이 들어옵니다.

9. 사랑을 업그레이드시키라.

10. 매일매일 점검하라.

생각 없이 사는 것은 삶이 아니라 생존일 뿐입니다.

걷기의 유익

건강 전문가들은 신체의 건강 상태를 심장혈관, 근골격, 유연성으로 살피는데, 이 세 가지는 걷기를 통해서 개선될 수 있다고 합니다.

걷기는 심장 건강에 좋습니다. 런던국립심장포럼의 연구에 따르면, 일주일에 5일간 하루에 30분 이상 걸으면 심장마비의 37%를 예방할 수 있다고 합니다. 의사로부터 심장을 위해 운동을 하라는 충고를 받았거나 심장질환의 회복기라면 걷기가 최고의 운동입니다.

걷기는 근육과 뼈를 튼튼히 해줍니다. 적절한 걷기는 관절의 통증과 뻣뻣함을 완화시키는 이상적인 운동입니다. 언덕 오르기를 함께 넣어 규칙적으로 걸으면 유연성과 균형감각, 근력을 기를 수 있을 뿐 아니라 골다공증과 파쇄골 등도 예방할 수 있습니다.

걷기는 자세 개선과 요통 완화에도 도움이 됩니다. 과도한 부담 없이 등 근육을 단련시켜주기 때문에 몸을 반듯하게 하고 길게 편 자세로 걸으면 매우 좋습니다.

걷기는 다이어트를 돕고 감량된 체중을 유지시켜줍니다. 규칙적인 걷기는 에너지를 급격하게 소모하지 않기 때문에 지방 세포로부터 에너지를 추출하는 효소의 활동력을 높여 에너지 공급을 원활하게 해주고 군것질도 줄여줍니다.

인생은 등산과 같습니다. 산은 한 걸음 한 걸음 올라가야 합니다. 걷는 자만이 앞으로 나갈 수 있습니다. 걷는 자만이 승리할 수 있습니다.

"내 발을 반석 위에 두사 내 걸음을 견고하게 하셨도다"(시 40:2).

승자의 길과 패자의 길

1873년 5월, 일반인들에게는 아프리카 탐험가로 잘 알려진 선교사 리빙스턴(David Livingstone)의 장례식이 있었습니다. 그의 시신은 선교의 공을 인정받아 웨스트민스터 사원에 안장되었습니다. 웨스트민스터 사원은 영국을 빛낸 영웅들만이 묻히는 곳입니다. 모든 영국 사람들이 그의 죽음을 애도했습니다.

그때 한 늙은 거지가 사람들 속에서 장례 행렬 앞으로 나왔습니다. 그리고는 리빙스턴의 관을 덥석 붙잡고는 큰 소리로 울었습니다. 갑작스런 노인의 행동에 놀란 사람들이 그를 제지하며 말했습니다.

"영감, 이렇게 무례한 행동을 해서 되겠습니까?"

그러자 노인은 울며 더듬거리는 말투로 이렇게 말했습니다.

"저는 어렸을 때 리빙스턴과 같은 반에서 공부했던 그의 단짝이었습니다. 그런데 그는 교회에 나가서 자기의 생애를 하나님께 드렸고, 저는 하나님을 떠났지요. 그와 저의 차이는 이것입니다."

진정한 승자와 패자는 경기 결과로 결정되지 않습니다. 인생 경기의 출발점에서부터 이미 승자와 패자의 길이 갈립니다. 승자의 길을 선택한 사람은 처음부터 승자의 길을 달려가게 되고, 패자의 길을 선택한 사람은 끝내 패자의 길을 가게 됩니다.

 선택을 잘 하지 못하는 사람들은 제 몸에 밴 버릇과 습관이 이끄는 대로 따르고 맙니다. 습관을 따라가고 싶어 하는 것이 인생의 가장 고약한 유혹입니다. 그런데 깨어 있으면 알 것이고, 알면 유혹에 넘어갈 리 없습니다.

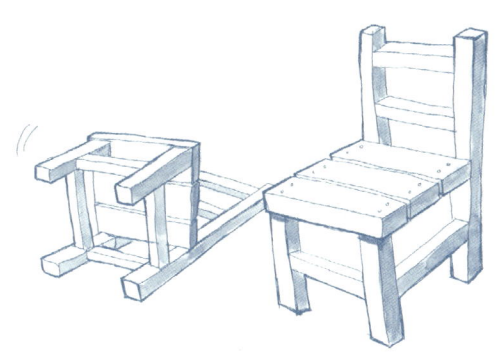

건강하고 젊게 사는 원리

가끔 나이보다 훨씬 젊어 보이는 사람을 만날 때가 있습니다. 이것은 '건강 연령'으로, 삶의 질과 수명을 결정하는 진짜 나이입니다. 건강하고 젊게 사는 데는 몇 가지 원리가 있습니다.

1. 물을 잘 마셔라.

하루에 6-8컵 가량의 물을 충분히 마시는 것은 신진대사와 노폐물 분비를 촉진해 다이어트에도 좋습니다.

2. 바르게 걸어라.

걷기는 성인병의 80%를 예방할 수 있습니다. 또한 걸으면 뇌세포가 활성화되어 스트레스가 사라집니다.

3. 소리 내어 웃어라.

독일의 한 의학 전문지에 의하면, 웃음은 소화액 분비를 촉진시켜 식욕을 왕성하게 하고 면역력을 향상시키는 것으로 확인되었습니다.

4. 수면은 결코 사치가 아니다.

상쾌하게 하루를 시작하고 창조적인 생활을 하려면 반드시 하루에

7시간 정도의 잠을 자야 합니다.

5. 사랑하면 신난다.

긴장, 걱정, 짜증 등 부정적인 감정은 질병을 일으키는 요소입니다. 사랑받는 세포는 암도 이겨낸다고 합니다.

네 몸에게 잘해라. 그래야 영혼이 거기 깃들고 싶어 하지 않겠는가?

- 테레사(Theresa)

관점의 차이

여자는 모를수록 좋은 일을 너무 많이 알고,
남자는 꼭 알아두어야 할 일을 너무 모른다

여자는 과거에 의지해서 살고,
남자는 미래에 이끌려 산다

여자는 마음에 떠오른 말을 하고,
남자는 마음먹은 말을 한다

여자는 말 속에 마음을 남기고,
남자는 마음속에 말을 남긴다

남자는 모르는 것도 아는 체하고,
여자는 아는 것도 모르는 체한다

— 괴테(Goethe)

'관점의 차이' 라는 말이 있습니다. 상대방의 관점에서 보는 일은 쉬운 일이 아닙니다. 그러나 상대방의 관점에서 보는 일이 인간관계에서 첫 번째 예의라는 것을 잊어서는 안 됩니다.

비판하지 말아야 할 7가지 이유

찰스 스윈돌(Charles Swindoll)은 자신의 책 은혜의 각성에서 '비판하지 말아야 할 7가지 이유'에 대하여 다음과 같이 말했습니다.

1. 우리는 모든 사실을 다 알지 못한다.

제한된 사실과 지식만 가지고 하는 비판은 늘 불완전할 수밖에 없습니다.

2. 우리는 그 동기를 완전히 이해하지 못한다.

우리는 상대방의 동기를 100% 알 수 없습니다. 따라서 동기를 이해하지 못하면서 무조건 비판하는 것은 잘못입니다.

3. 우리는 완전히 객관적으로 사고할 수 없다.

모든 사람의 판단은 늘 어느 정도 주관적일 수밖에 없습니다. 따라서 자기의 주관적인 비판을 해서는 안 됩니다.

4. 그 상황에 있지 않으면 정확하게 알 수 없다.

어떤 사실이나 사건은 모두 상황과 그 맥락을 같이합니다.

5. 우리가 보지 못하는 부분이 있다.

우리의 인식은 늘 제한적입니다. 따라서 우리가 보고 싶어도 보지 못하는 부분들이 있습니다.

6. 우리에게 편견이 있고, 시야가 흐려질 수 있다.

모든 사람에게는 편견이 있습니다.

7. 우리는 불완전하고 일관성이 없다.

인간은 늘 불완전합니다.

성서주석가 벵겔(J. A. Bengel)은 "명확한 지식과 사랑과 필요가 없이는 비판하지 말라."고 했습니다.

정말 사랑이 담긴 비판이라면 그것은 과연 상대방을 돕는 귀중한 충고입니다. 그러나 자신의 반성 없이, 상대방의 입장에 서지 않고 하는 비판은 위험합니다. 흉기가 따로 없습니다. 자신과 남에게 상처를 입히는 것이 곧 흉기입니다. 만고에 필요 없는 이 흉기를 얼른 버리십시오.

명석함과 지혜로움의 차이

어느 회사에 사사건건 따지며 사람을 매우 괴롭히는 대리가 한 명 있었습니다. 어느 날 직속상관인 과장이 그에게 물었습니다.

"자네, 명석함과 지혜로움의 차이가 무엇인지 아나?"

따지기 좋아하는 대리가 잠깐 생각하더니, "잘 모르겠습니다" 하고 대답했습니다. 그러자 과장이 이어서 말했습니다.

"그러면 잘 들어두게. 동료의 말에서 실수와 오류를 찾아내는 것은 명석함이요, 그것을 알고도 입 다무는 것은 지혜로움일세."

때로는 침묵에 해답이 있습니다. 침묵은 고요한 기다림을 요구합니다. 고요히 머물러 기다릴 줄 아는 사람에게만 침묵은 지혜가 될 수 있습니다. 요즘에는 똑똑한 사람은 많은데 지혜로운 사람이 없습니다.

인생길 복기

프로 바둑 기사들이 바둑 한 판을 둘 때는 보통 400여 수를 주고받습니다. 그런데 프로 기사들은 바둑 대전이 끝나고 나면 다시 처음부터 끝까지 정확하게 바둑판 위에 돌을 놓습니다. 이것을 '복기'(復碁)라고 합니다. 한 돌도 틀림 없이 복기하는 기사들은 이렇게 말합니다.

"바둑 기사들은 의미 없는 돌은 놓지 않습니다. 따라서 그 의미를 따라가면 정확한 복기가 가능합니다."

우리의 인생을 돌아봅시다. 30년, 50년, 혹은 60년을 살았습니까? 과연 몇 수까지 복기할 수 있습니까? 만약 어떻게 살았는지 복기할 수 없을 정도라면 무의미하게 살아온 것입니다.

치밀하게 준비해도 쉽지 않은 인생길입니다. 하물며 아무런 준비 없이 세상에 뛰어든다면 그 결과는 어떨까요? 이제부터라도 의미 있는 삶을 살다 주님 앞에 서야 합니다. 주님의 영광을 위해 삶을 재정비해야 합니다.

이것 또한 지나가리라

　페르시아 왕이 어느 날 신하들에게 마음이 슬플 때는 기쁘게, 기쁠 때는 슬프게 해줄 수 있는 물건을 가져오라고 명령했습니다. 세상에 그런 물건이 어디에 있을까요?

　신하들은 밤새 머리를 맞대고 의논을 했습니다. 그리고는 마침내 왕에게 반지 하나를 바쳤습니다. 왕은 반지에 적힌 글귀를 읽고는 큰 웃음을 터뜨리며 크게 만족했다고 합니다. 반지에는 다음과 같은 글귀가 새겨져 있었습니다.

　이것 또한 지나가리라

　감당하기 힘든 슬픔이 찾아왔을 때 왕은 반지를 쳐다보면서 '이것 또한 지나가리라' 하며 마음을 다스렸습니다. 아무리 괴로워도 그것이 언젠가는 지나갈 것을 생각하며 위로를 얻었습니다.

　벅찬 기쁨이 찾아왔을 때도 마찬가지였습니다. 기쁨과 환희에 도취되었을 때 문득 반지에 적힌 '이것 또한 지나가리라'는 글귀를 보며 마음을 지켰다고 합니다.

신하들이 페르시아 왕에게 준 선물을 우리도 간직했으면 좋겠습니다. 누구에게나 한 번쯤은 긴 터널을 통과해야 하는 시간이 있습니다. 그러나 터널을 빠져나와서 보면 마치 꿈을 꾼 듯 그리운 시간으로 다가와 있습니다.

아침에 눈을 떠 밥을 먹고, 일하고, 놀고, 노래하고, 사랑하고, 다시 잠자리에 드는 일상의 반복은 다름 아닌 '살아온 기적'이요, '살아갈 기적'입니다.

마음을 여는 말

우리말에는 참 아름다운 뜻이 담긴 말이 많습니다.

마루 : 하늘

벗 : 친구

아띠 : 친한 친구

다솜 : 사랑

이든 : 착한, 어진

미쁘다 : 진실하다

단미 : 사랑스러운 여자

그린비 : 그리운 선비, 그리운 남자

소담하다 : 생김새가 탐스럽다

오롯하다 : 모자람이 없이 완전하다

느루 : 한 번에 몰아치지 않고 시간을 길게 늦추어 잡아서

갈무리 : 물건을 잘 정돈하여 간수함, 일을 끝맺음

곰살궂다 : 성질이 부드럽고 다정하다

구성지다 : 천연덕스럽고 구수하다

구순하다 : 말썽 없이 의좋게 잘 지내다

그느르다 : 보호하여 보살펴주다

길라잡이 : 앞에서 길을 인도하는 사람

끌끌하다 : 마음이 맑고 바르며 깨끗하다

사람의 마음을 열고 닫게 하는 차이는, 천사와 악마의 차이는 그 사람이 쓰는 말에 있습니다. 좋은 말, 아름다운 말을 쓰기에도 우리 인생은 짧습니다.

용기 있는 사람

몽골 제국의 건국자인 칭기즈칸(Chingiz Khan)은 이런 말을 남겼습니다.

1. 집안이 나쁘다고 탓하지 말라. 나는 아홉 살 때 아버지를 잃고 마을에서 쫓겨났다.
2. 가난하다고 말하지 말라. 나는 들쥐를 잡아먹으며 연명했고 목숨을 건 전쟁이 내 직업이었다.
3. 작은 나라에서 태어났다고 말하지 말라. 그림자 말고는 친구도 없는 병사, 어린아이, 노인까지 합쳐 200만도 되지 않았다.
4. 배운 게 없다고, 힘이 없다고 탓하지 말라. 나는 내 이름도 쓸 줄 몰랐다.
5. 너무 막막하다고, 그래서 포기해야겠다고 말하지 말라. 나는 목에 칼을 쓰고도 탈출했고, 밤에 화살을 맞고 죽었다 살아나기도 했다.
6. 적은 밖에 있는 것이 아니라 내 안에 있었다. 나는 내게 거추장스러운 것은 깡그리 쓸어버렸다. 나를 극복하라.

혹시 두려움 속에 있습니까? 용기란 두려움을 알지만 그것에 굴복하지 않는 것입니다. 사람들은 대부분 자신이 용기 있다고 생각합니다. 하지만 위험과 실패와 기회를 경험하기 전에는 정말 그런지 알 수 없습니다. 용기 있는 사람은 희생을 감수할 수 있으며, 그 속에서 더 큰 용기를 발견합니다. 용기도 자라납니다.

두려움이 생겼다 해서 겁먹거나 떨지 마십시오. 오히려 한 걸음 더 나아가는 용기를 내보십시오. 두려움이 클수록 더 굳세지는 사람이 진정으로 용기 있는 사람입니다.

좋은 친구

1. 사람들은 평균적으로 약 30명의 친구가 있고 그중 가까운 친구는 5-6명 정도다.
2. 사람들은 평생 약 400명의 친구를 사귀지만 10년 이상 유지되는 오랜 우정은 10% 정도에 불과하다.
3. 친구의 숫자는 남자가 더 많고, 깊이 사귀는 친구의 숫자는 여자가 더 많다.
4. 언제든 달려와 줄 수 있는 친한 친구가 있는 사람은 자살률이 현저하게 낮고 우울증에 빠질 확률도 낮다.
5. 혼자 있을 때보다 친구와 함께 있을 때 30배나 더 많이 웃는다.
6. 최악의 고독은 참된 우정이 없는 것이다.
7. 내가 없는 곳에서 나를 칭찬해 주는 사람은 좋은 친구다(이 언).
8. 많은 친구를 가지고 있는 사람은 한 사람의 친구도 없는 것과 같다(W. 글라임).
9. 친구에게서 기대하는 것을 친구에게 베풀어야 한다(아리스토텔레스).
10. 친구를 칭찬할 때는 널리 알게 하고, 친구를 책망할 때는 남이 모르게 해야 한다(독일 속담).

좋은 친구는 각자 자기 길을 가는데도 뜻이 같고, 각자 다른 길을 가는데도 방향이 같습니다. 그래서 떨어져 있어도 마음이 통하고, 함께 있으면 더욱 빛이 납니다. 진정 좋은 친구는 진심으로 믿어주고, 지켜봐 주고, 오래 기다려주고, 함께 성장해 가는 사람입니다.

삶에 하나 더 보태고 싶은 것들

성경이 말하는 '삶의 12가지 지침'은 다음과 같습니다.

1. 하나님께 드릴 마음을 세상에 나누어주지 말라(요일 2:15).
2. 일찍부터 하나님을 섬기고 젊은 날을 하나님께 드리라(전 12:1).
3. 시간의 가치를 소중히 여기고 한 시도 허비하지 말라(엡 5:16).
4. 날마다 영원을 생각하는 데 시간을 할애하라(마 25:46).
5. 삶의 제일 되는 목적을 평생 잊지 말라(빌 2:12).
6. 천국에서 그리스도와 함께 살기를 기대하는 만큼 이 땅에서 그리스도와 함께 살기 위해 애쓰라(고후 5:15).
7. 항상 그리스도께 꼭 붙어서 거룩한 길을 떠나지 말라(딤후 3:12).
8. 사람들의 인정보다 하나님의 인정을 구하라(고후 10:18).
9. 먹든지 마시든지 무엇을 하든지 다 하나님의 영광을 위해 하라(고전 10:31).
10. 많은 시간을 내어 은밀히 기도하며 하나님과 함께 대화하라(살전 5:17).
11. 입술의 말을 항상 주의하라(시 141:3).
12. 모든 상황에서 기쁨을 잃지 말고 감사하라(빌 4:11).

이어서 13번, 14번, 15번 등 자기 삶에 하나 더 보태고 싶은 것들을 채워보십시오. 꿈, 미소, 사랑, 봉사, 나눔, 헌신, 용서, 평안, 용기 등 자기 삶에 무엇을 보태느냐에 따라 삶의 모양과 빛깔이 바뀝니다.

노인과 청년의 차이

랍비 시드니 그린버그(Sydney Greenberg)는 '노인과 청년의 차이'에 대해 다음과 같이 말했습니다.

우리가 사람들을 믿는다면 청년이다.
그러나 사람들을 의심으로만 대한다면 우리는 노인이다.

우리가 받기보다 주고자 한다면 청년이다.
그러나 받기만을 기대한다면 우리는 노인이다.

우리가 즐길 것을 즐길 줄 안다면 청년이다.
그러나 인생이 뜻대로 안 된다고 꿈을 포기한다면 우리는 노인이다.

우리가 아직도 꿈을 꾸고 있다면 청년이다.
그러나 공상만 하고 있다면 우리는 노인이다.

우리가 매력적인 사람이 되고자 노력한다면 청년이다.

그러나 더 이상 아름다움에 관심을 잃어버렸다면 우리는 노인이다.

우리가 아직도 사랑을 찾고 있다면 청년이다.
그러나 자신의 고독만을 묵상하고 있다면 우리는 노인이다.

우리가 사랑을 받고 줄 줄 안다면 청년이다.
그러나 일방적으로 사랑만을 기대한다면 우리는 노인이다.

청년이란 나이로만 구분되는 것이 아닙니다. 나이가 어려도 이미 노인이 된 사람이 있고, 백발이 성성해도 청년의 기백으로 사는 사람이 있습니다. 육체의 쇠함과 상관없이 마음을 젊게 살아야 진짜 청년입니다. 여러분은 노인입니까, 청년입니까?

최고의 명약

요즘 아내가 하는 걸 보면

섭섭하기도 하고 괘씸하기도 하지만 접기로 한다

지폐도 반으로 접어야 호주머니에 넣기 편하고

다 쓴 편지도 접어야 봉투 속에 들어가 전해지듯

두 눈 딱 감기로 한다

하찮은 종이 한 장일지라도 접어야 냇물에 띄울 수 있고

두 번을 접고 또 두 번을 더 접어야 종이비행기는 날지 않던가

살다 보면

이슬비도 장대비도 한순간,

햇살에 배겨나지 못하는 우산 접듯

반만 접기로 한다

반에 반만 접기로 한다

나는 새도 날개를 접어야 둥지에 들지 않던가

– 박영희, 〈접기로 한다〉

용서는 화해의 지름길입니다. 상대방을 살리는 최선의 길입니다. 그리고 결국은 자기를 살리는 최고의 명약이 됩니다. 용서하는 순간, 마음의 병은 조용히 사라집니다.

용서하면 언덕 너머의 에덴이 보입니다. 미워할수록 영혼의 키는 작아지고, 용서할수록 영혼의 키는 커집니다. 용서는 건강과 축복의 제일 비결입니다.

나이가 들수록

나이가 들수록 깨끗하게(clean up),

잘 입고 다니고(dress up),

각종 모임이나 결혼식, 또는 문상에 잘 찾아다니고(show up),

마음의 문을 열고(open up),

남의 말을 잘 들어주고(listen up),

가급적 말은 삼가야 한다(shut up).

또 노욕을 부리지 말며 웬만한 것은 포기하고(give up),

기분 좋은 얼굴에 즐거운 마음을 가지려고 노력하고(cheer up),

돈 내는 것을 즐기고(pay up),

건강을 위해 노력해야 한다(health up).

— 최성환, 직장인을 위한 생존 경제학

나이가 들수록 시간이 더 빨리 가는 것 같습니다. 그러나 나무는 오래 말려야 뒤틀림이 없고, 포도주는 오래 숙성해야 짙은 향기를 냅니다.

사람은 나이가 들수록 세월이 빚어낸 향기를 풍겨야 합니다. 이것이 지난 세월의 자기 인생을 찾는 것입니다.

몸과 마음의 일치

성석제의 장편 소설 재미나는 인생에 보면 남자 목욕탕에서 있었던 일을 다룬 〈고독〉이라는 글이 있습니다. 그 내용은 이렇습니다.

목욕탕 한구석에서 몸을 씻고 있다 보니 반대쪽의 온탕 앞에 거구의 사내가 혼자 앉아 몸을 씻고 있다. 그런데 아무도 그 사내 근처에는 가려고 하지를 않는다. 장난기 많은 아이들조차도 그쪽으론 얼씬도 못하고 반대쪽에서만 복잡거릴 뿐이다.

늠름하게 앉아 몸을 씻는 사내를 유심히 바라보니 사내는 시선을 공중에 고정시킨 채 묵묵히 때를 밀고 있다. 꾹 다문 입술, 검고 짙은 눈썹, 날카로운 눈매, 짧게 깎은 머리, 온몸의 크고 작은 흉터가 사내의 직업과 성격을 짐작하게 해줄 뿐이었다.

한참 때를 밀던 거구의 사내가 마침내 끙 하며 자리에서 일어나는데, 그 순간 그의 오른 팔뚝에 새겨진 문신을 보게 된다. '참자' 라는 글씨가 서툴게 새겨져 있었다. 궁금증을 참지 못하고 사내의 뒤를 따라가 샤워를 하는 척하며 반대쪽 팔뚝을 쳐다보니, 역시 조금 긴 내용의 문신이 새겨 있었는데 '착하게 살자' 였다.

기가 막힌 역설입니다. '참자' 라든지 '착하게 살자'는 말은 얼마나 좋은 말입니까? 그러나 거구의 사내의 팔뚝에 문신으로 새겨진 그 말은 그가 얼마나 참을성이 부족한 사람인지를, 그가 얼마나 착한 것과 거리가 먼 사람인지를 대변할 뿐입니다.

마음은 가는데 몸이 따르지 않고, 몸은 원하는데 마음이 뒤따르지 못하는 경우가 많습니다. 몸과 마음을 하나로 일치시키는 것, 그것은 곧 진심과 진정을 뜻합니다. 지금 우리에게 중요한 것은 문신처럼 새겨진 고백이 아니라 어떤 사람으로, 어떤 삶을 사는지일 것입니다.

가면 쓴 방해꾼

리더십 전문가인 존 맥스웰(John C. Maxwell) 목사는 그의 책 생각의 법칙에서 이런 이야기를 했습니다.

어느 날 꿈에 가면 쓴 사람이 나타났습니다. 그는 존을 계속 따라다니면서 괴롭혔습니다. 일이 될 만하면 방해하여 망가뜨리고, 좋은 사건이 일어날 만하면 훼방하여 그르치게 만들곤 했습니다.

너무 화가 난 존은 가면 쓴 방해꾼을 붙잡고 싸웠습니다.

"어느 놈이 내 인생을 망가뜨리는 거야? 누가 내 일을 이렇게 어렵게 만드는 거야?"

서로 뒤엉키면서 한판 붙었습니다.

드디어 한참 만에 존은 가면 쓴 방해꾼의 배 위에 올라앉을 수 있었습니다. 존은 방해꾼의 정체를 알고 싶어서 가면을 확 벗겼습니다.

그런데 이게 웬일입니까? 가면 쓴 방해꾼의 얼굴은 다름 아닌 바로 자신의 얼굴이었습니다. 깜짝 놀라 꿈에서 깬 존 맥스웰 목사는 성령의 감동 가운데 깊이 깨닫고는 이렇게 말했습니다.

"내 인생을 가장 방해하는 존재는 다름 아닌 나 자신이었다."

사실 우리는 어떤 일이 잘못되면 핑계부터 찾습니다. 그러면 마음이 잠시 편해지는 듯합니다. 하지만 내 잘못을 남의 탓으로 돌리려는 것은 결국 내 잘못이 더 크다는 뜻이기도 합니다. 이제부터 모든 것이 내 할 몫입니다.

분별하는 지혜

현존하는 인물 가운데 아버지와 아들이 베스트셀러를 쓴 가족이 있습니다. 아버지 스티븐 코비(Stephen Covey)는 성공하는 사람들의 7가지 습관이라는 책을, 아들 숀 코비(Sean Covey)는 성공하는 10대들의 7가지 습관이라는 책을 썼습니다. 아들이 쓴 책의 내용은 이렇습니다.

1. 적극적이고 능동적인 행동을 하라.
2. 장래 목표를 염두에 두고 일을 시작하라.
3. 톱날을 연마하라. 최상의 기능을 발휘하기 위해 늘 준비하라.
4. 끝을 생각하며 시작하라.
5. 연합의 힘을 배우라.
6. 상생(Win-Win) 원리를 생각하라.
7. 중요한 일에 우선순위를 두라.

우리는 숀 코비의 마지막 말에 귀를 기울여야 합니다. 많은 사람들이 이 평범한 내용을 잊고 중요하지 않은 일에 시간을 낭비합니다. 뿐만 아니라 인생도 낭비하고 있습니다.

그러므로 우리에게 필요한 것은 분별력입니다. 분별하는 지혜입니다. 영 분별의 지혜를 구해야 합니다. 이 시대를 분별하는 지혜를 구해야 합니다. 이 시기를 분별할 줄 아는 지혜를 구해야 합니다. 지혜는 분별력입니다.

내가 먼저 서기

평소 미술 감상을 좋아하던 한 노인이 친구들과 함께 미술관을 찾았습니다. 근시가 심한 그는 미술관에 가면서 깜빡 잊고 안경을 가져가지 않았습니다.

노인은 전시실에 들어가자마자 친구들에게 자신의 견해를 피력하기 시작했습니다. 다양한 작품들을 비평했습니다. 그러다 어느 초상화 앞에 서서 그는 말했습니다.

"그림의 틀이 그림과 전혀 맞지 않는군. 또 이 사람은 그림의 분위기와 맞지 않고, 입은 옷도 남루하고, 표정도 어두워. 화가가 초상화를 그리려고 이렇게 형편없는 모델을 고른 것은 큰 실수였어."

노인이 중얼거리며 비평을 쏟아놓자 곁에 있던 아내가 말했습니다.

"여보, 당신은 지금 거울을 보고 있어요."

내가 먼저 바르게 서야 합니다. 그래야 다른 사람도 바르게 세울 수 있습니다.

그러나 '내가 먼저'이지만 '내가 중심'은 아닙니다. 하나님의 사람은 자신을 축소하거나 과장하지 않습니다. 하나님이 나를 너무 잘 아시기 때문입니다. 하나님은 내 모습 이대로를 받으시고, 사용하기를 원하십니다.

어떤 기도

주님, 저는 늘 제 귀를 기쁘게 하지만

일부러라도 귀를 아프게 하는 책망과 훈계와 충고의 말을

깊이 새겨듣고, 즐겨 청할 수 있는 성숙한 지혜를 키워가게 하소서

꿀맛처럼 다디달지만 유혹이 되는 칭찬과 찬미의 말은 두려워하고

씀바귀 맛처럼 씁쓸하지만 약이 되는 어떤 충고나 비난의 말을

오히려 즐겨 들을 수 있게 하소서

조금쯤 억울하게 느껴지는 말들이라도

변명하지 않고 받아 안을 수 있는

너그러운 마음으로 자신을 넓혀가게 하소서

남으로부터 부당한 판단을 받았다고 몹시 화를 내기 전에

제가 남에 대해서 잘 알지도 못하고 함부로 말했거나

속단했던 부분을 먼저 마음 아파하고

반성할 수 있는 겸허한 마음을 갖게 하소서

이웃에게 제 자신을 알리려 할 땐

장점과 성공은 가능한 한 숨겨두고

약점과 실수를 먼저 자랑할 수 있는 어리석음의 용기를 주소서, 주님

– 이해인, 〈어떤 기도〉

 우리는 늘 겸손한 성품을 위하여 훈련이 필요합니다. 한순간 방심으로 교만이라는 잡초가 자라기 때문입니다.

최악으로 가는 최선

소와 사자가 있었습니다. 둘은 서로를 죽도록 사랑해 결혼했습니다. 둘은 최선을 다하기로 약속했습니다. 소는 최선을 다해 맛있는 풀을 날마다 사자에게 대접했습니다. 육식동물인 사자는 싫었지만 참았습니다. 사자도 최선을 다해 맛있는 살코기를 날마다 소에게 대접했습니다. 초식동물인 소도 괴로웠지만 참았습니다.

하지만 참을성에는 한계가 있습니다. 결국 소와 사자는 크게 다투고 끝내 헤어지고 말았습니다. 헤어지면서 서로에게 한 말은 이것이었습니다.

"난 최선을 다했어!"

나 위주로 생각하는 최선, 상대를 헤아리지 못하는 최선은 최선일수록 오히려 최악을 낳고 맙니다. 최선을 다하지 않고 상대를 대하는 것도 문제이지만, 나 위주의 최선도 문제인 것입니다.

'입장(立場) 차이' 라는 말이 있습니다. '설 입' 자에 '마당 장' 자입니다. '서 있는 마당이 다르다' 는 말입니다. 처해 있는 사정이나 형편이 달라 견해 차이가 나는 것입니다.

모든 일에 있어서 한 박자만 호흡을 늦추고 상대방의 입장에 서 보는 지혜가 필요합니다.

혈액형의 장점

혈액형을 믿는 것은 지나치게 단정적인 자기 운명에 빠질 수 있다는 단점을 가지고 있습니다. 주어진 삶과 환경에서 좋은 것과 아름다운 것을 선택하는 일은 자신에게 달려 있습니다. 그래서 혈액형의 장점만을 보면 좋겠습니다.

1. A형 : 책임감이 강하고 노력형

대체로 부드럽고 온화한 분위기를 가지고 있습니다. 되도록 남에게 피해를 주지 않으려 하고, 상대방의 이야기를 품위 있게 차분히 들어주는 편입니다. A형에는 노력가가 많습니다.

2. B형 : 적극적이고 독창적

싹싹하고 애교 있는 사람이 많습니다. 주위 사람들에게 친근감을 주는 성격을 가지고 있습니다. 화제가 풍부하며 유머감각도 있어서 이야기를 재미있게 잘합니다.

3. O형 : 적극적이고 정열적

일단 목표를 정하면 누가 뭐라고 하든 해내고 맙니다. 야심가라고 할 수 있습니다. 쾌활하고 너그러워서 사람들이 잘 따르며 설득력도 있습니다.

4. AB형 : 이성적이고 매우 친절함

머리가 좋습니다. 이성적이어서 자기 생각을 논리적으로 표현할 수 있고, 관찰력이 우수하고, 유머 감각이나 미적 감각도 뛰어납니다.

가까워질수록 상대방의 단점을 찾기 마련입니다. 소중한 사람들을 사랑의 눈으로 바라보고, 단점보다는 장점을 찾으며, 웃으며 사는 행복한 하루하루가 되기를 바랍니다.

소통의 부재

샴푸 : 머리비누

계곡 : 골시내

냉면 : 찬 국수

도시락 : 곽밥

양계장 : 닭 공장

보조개 : 오목샘

어묵 : 튀긴 고기떡

도넛 : 가락지 빵

뮤지컬 : 가무이야기

위약금 : 어김돈

재미있는 북한말입니다. 같은 형제, 이웃이지만 달라도 너무 다릅니다.

'우이독경'(牛耳讀經)이란 말이 있습니다. '소 귀에 경 읽기', 즉 의사소통이 잘 안 되는 사람을 일컫는 사자성어입니다. 일반적으로 의사표현이 너무 달라 서로 소통이 안 되는 짐승으로 개와 고양이를 꼽습니다. 강아지는 반가움의 표현으로 꼬리를 세우고 흔들지만, 고양이는 위협하고 공격할 때 꼬리를 세우고 흔듭니다. 그러니 서로 의사소통이 안 되고 싸울 수밖에 없습니다.

지금 우리는 소통이 안 되는 불통의 시대를 살고 있는 것 같습니다. 일방적인 자기 주장만 있고 소통 부재로 인한 갈등만 있습니다. 입만 있고 귀가 없기 때문에 소통이 안 됩니다. 그것은 언어의 이기주의입니다. 지혜 있는 사람은 항상 남의 말에 먼저 귀 기울입니다.

펭귄의 허들링

얼마 전 TV 다큐멘터리 〈남극의 눈물〉에서 감동적인 장면을 보았습니다. 바로 펭귄의 '허들링'이었습니다.

남극의 강한 눈보라는 상상을 초월합니다. 한겨울의 기온은 영하 60-70도가 보통이고 1968년 8월에는 영하 88도까지 내려갔다고 합니다. 게다가 겨울철에는 해가 뜨지 않는 암야기(暗夜期)가 이어지고 극지 특유의 강풍까지 불어옵니다.

이런 극한 상황에서 펭귄의 월동 지혜는 감동이었습니다. 겨울이 다가오면 펭귄 무리는 극점으로 이동하기 시작합니다. 기온이 내려갈수록 따뜻한 곳을 찾는 것이 생태계의 철칙이지만 펭귄은 반대로 가장 추운 곳을 찾습니다.

극점에 도달한 펭귄 무리는 서로 몸을 맞대고 촘촘히 포개서 원을 만듭니다. 먼저 바깥쪽 펭귄이 안쪽 펭귄을 보호합니다. 얼마 후 바깥쪽 펭귄과 안쪽 펭귄이 위치를 바꾸어 서로를 품습니다. 그런 상태로 춥고 캄캄한 겨울을 보내는 것입니다.

펭귄은 배려와 협력으로 자리다툼 없이 자신의 체온을 서로 나눔으로써 상대방의 체온을 자신의 것으로 삼습니다.

진정한 협력은 자신의 것을 먼저 내어놓는 것에서 시작합니다. 진정한 협력은 독창이 아니라 합창이기 때문입니다.

나를 들여다보는 기회

에이브러햄 링컨(Abraham Lincoln)은 실패로 얼룩진 생애를 살았습니다. 그랬던 그가 즐겨 드렸던 기도가 있습니다. '내가 실패했다고 느껴질 때 드리는 기도' 입니다.

주님! 우리가 인생에서 실패했다고 느낄 때
이러한 깨달음을 얻게 하소서.
실패는 내가 패배자라는 말이 아닙니다.
단지 내가 아직 성공하지 않았다는 것입니다.
실패는 아무것도 이루지 못했다는 것이 아닙니다.
어떤 중요한 것을 배웠다는 것입니다.
실패는 내가 어리석다는 것이 아닙니다.
시도할 충분한 믿음이 있었다는 것입니다.
실패는 내가 치욕을 받은 것이 아닙니다.
내가 감히 시도했다는 것입니다.
실패는 내가 그것을 가지지 못했다는 것이 아닙니다.
다른 방법으로 무엇을 해야 한다는 것입니다.

실패는 이제 내가 포기해야 한다는 것이 아닙니다.
더 열심히 해야 한다는 것입니다.
실패는 주께서 나를 버리셨다는 것이 아닙니다.
당신이 더 좋은 아이디어를 갖고 계신다는 것입니다.
주여, 이 모든 것들을 깨달을 수 있는 지혜를 주시옵소서.
예수님의 이름으로 기도드립니다. 아멘.

최선을 다하고도 실패의 쓴잔을 마셨을 때는 어떻게 대처하느냐에 따라 그다음의 더 큰 행로가 결정됩니다. 실패는 곧 나를 들여다보는 기회이기 때문입니다.

좋은 사람 되기

1. 무슨 일을 하든지 조용히 주님 앞에서 하는 사람
2. 무슨 일이든지 언제나 도움이 되려고 노력하는 사람
3. 자신의 주장보다는 다른 이의 마음을 배려하는 사람
4. 일의 진행을 함께 평화롭게 이루는 사람
5. 하나님의 인도하심을 믿고 의지하며 섬기는 사람
6. 일의 귀천을 가리지 않고 무슨 일이나 자원해서 도우려는 사람
7. 무슨 일이나 앞장서서 솔선수범하는 사람
8. 입술에 축복의 말이 늘 흐르는 사람
9. 남의 어려움 앞에 침묵으로 기도해 주는 사람
10. 일보다는 사람을 더 귀하게 돌보는 사람

살면서 좋은 사람을 한 명 만나는 것은 일생일대의 큰 행운입니다. 그 행운은 결코 멀리 있지 않습니다. 자기가 먼저 좋은 사람이 되는 것입니다.

지금

살아가는 데 중요한 세 가지 '금'이 있습니다. 첫 번째는 많은 사람이 원하며 쫓는 '황금'이고, 두 번째는 음식의 맛을 내고 간을 맞추는 '소금'입니다. 그리고 세 번째는 바로 '지금'입니다.

돌이켜보면 아쉽고 부끄러운 것이 많은 인생입니다. 때로는 실수했거나 잘못된 선택을 한 것처럼 보이는 경우도 있습니다. 지금부터라도 마음을 다지십시오. 아직 늦지 않았습니다. 다시 시작하는 때가 가장 빠른 때입니다.

마의 11분

'마의 11분'이라는 말이 있습니다. 이는 항공기가 비행할 때 가장 위험한 시간을 의미하며, 이륙할 때의 3분, 착륙할 때의 8분을 일컫는 말입니다.

실제로 항공 사고의 통계치를 보면 이착륙 시의 사고율이 74%나 되는데, 이륙할 때 28%, 착륙할 때 46%의 사고율을 기록하고 있습니다. 즉 비행 사고의 3/4이 마의 11분에 발생한다는 것입니다.

비행기는 이륙할 때 장착된 모든 엔진이 최대 에너지를 분사해야 합니다. 그 순간에 조그마한 스파크만 일어나도 비행기가 폭발할 수 있습니다. 그래서 비행기를 아는 사람은 이륙하는 최초의 3분에 가장 많이 긴장한다고 합니다.

너무 서둘러서 실수하는 일이 없도록 하라.

아이젠하워(Dwight Eisenhower)가 보좌관들에게 가장 많이 강조하고, 가장 자주 했던 말입니다.

'마부위침'(磨斧爲針)이라는 말이 있습니다. '도끼를 갈아서 바늘을 만든다'는 뜻입니다. 인내의 힘은 성급함을 다스림에 있습니다. 무슨 일이든 너무 서두르면 실수하기 쉽습니다. 그 실수가 치명적일 때는 돌이킬 수 없습니다.

HUDDLING

제3부 사랑

사랑 교제 / 논리를 뛰어넘는 사랑 / 예수님짜리 / 충분한 사랑 / 부모 없는 자녀 / 부부농사 망치는 10대 비결 / 희생을 머금은 가족 / 사랑은 헌신입니다 / 따뜻한 마음 / 즐거운 교환 / 아버지를 찾아가는 자녀 / 부모 말의 능력 / 성숙한 사랑 / 사랑의 신비 / 사람을 살리는 사랑 / 더욱 아름다운 교회 / 사랑받는 사랑의 비밀

사랑 고백

50대 초반의 가정주부가 남편에게 휴대폰을 선물로 받았습니다. 받자마자 문자 보내는 법을 배웠습니다. 그리고는 드디어 남편에게 문자를 보냈습니다.

여보! 영원히 사랑해!

문자를 보낸 아내는 굉장히 마음이 뿌듯했습니다. 남편이 매우 기뻐했을 것이라는 기대감을 갖고 퇴근시간을 기다렸습니다.

드디어 남편이 퇴근하여 들어왔습니다. 그런데 남편의 얼굴은 전혀 기쁜 표정이 아니었습니다.

"당신, 내한테 문자 보냈나?"

"네, 기뻤죠?"

"기쁘기는 뭐가 기뻐. 이거 한번 봐라. 이게 뭐고?"

아내는 남편이 불쑥 내민 휴대폰을 보았습니다. 거기에는 너무나도 선명하게 이런 문자가 적혀 있었습니다.

여보! 영원히 사망해!

'ㄹ'을 'ㅁ'으로 잘못 써서 그만 '사랑해'를 '사망해'로 보낸 것이었습니다.

사랑하면서 생기는 오해는 없을 수도 없고, 피할 수도 없는 일입니다. 그러나 오해가 깊어지게 해서는 곤란합니다. 오해가 오래되면 진실처럼 변합니다. 이제 사랑을 고백하십시오.

논리를 뛰어넘는 사랑

한 젊은 아내가 운전면허를 딴 지 얼마 안 된 상태에서 차를 몰고 거리로 나섰습니다. 그 차는 남편이 새로 구입하여 가장 아끼는 신형 차였습니다.

그런데 집으로 돌아오는 길에 그만 다른 차와 부딪혀 사고를 내고 말았습니다. 다행히 큰 사고는 아니었지만 차에 커다란 흠집이 났습니다. 아내는 불안하고 두려웠습니다. 남편에게 어떻게 해명해야 할지 막막했습니다.

차 안에 있는 콘솔 박스에서 보험카드를 꺼내려는데 그 안에 쪽지 하나가 들어 있었습니다. 쪽지에는 이런 글이 적혀 있었습니다.

만에 하나 차에 무슨 일이 생기면 꼭 기억해요. 내가 사랑하는 건 당신이지 자동차가 아니라는 사실을!

남편의 따뜻한 배려와 사랑에 아내의 가슴은 뭉클해졌고 눈에서는 감격의 눈물이 흘러내렸습니다.

사랑에는 경제적 논리를 뛰어넘는 사랑의 논리가 있습니다. 자기의 유익을 뛰어넘어 도움을 주는 것, 힘을 주는 말 한마디, 작은 배려 등은 세상을 밝히고 사랑을 실천하는 일입니다.

살아 숨 쉬는 동안 지치지 않고 사랑하며 사는 것을 삶의 목적으로 삼으시기를 바랍니다.

예수님짜리

　천 원을 주고 사면 '천 원짜리'라고 합니다. 만 원을 주고 사면 '만 원짜리'라고 합니다. 그러면 우리는 얼마짜리입니까?
　우리의 몸값을 위해서 지불된 것은 창조주 예수님의 생명입니다. 우리는 10억짜리도, 20억짜리도 아니고 '예수님짜리'입니다. 우리 몸값을 위해서 예수님이 지불하신 것은 값으로 환산할 수 없는 그분의 사랑이요, 그분의 생명입니다. 그래서 주님이 우리를 천하보다 귀하다고 말씀하시는 것입니다. 천하보다 귀한 사람은 천하보다 크신 예수님을 가슴에 품은 사람입니다.

　당신은 보석입니다. 그것도 보통의 보석이 아니고 하늘 아래 오직 하나밖에 없는 보석입니다. '예수님짜리'이기 때문에 소중한 보석입니다. 그 가치를 스스로 소중하게 여기지 않으면 아무도 소중하게 여겨주지 않습니다.

충분한 사랑

충분한 사랑이 정복할 수 없는 어려움은 없습니다
충분한 사랑이 치유할 수 없는 병은 없습니다
충분한 사랑이 열 수 없는 문은 없습니다
충분한 사랑이 건널 수 없는 강은 없습니다
충분한 사랑이 무너뜨릴 수 없는 장벽은 없습니다
충분한 사랑이 용서할 수 없는 잘못은 없습니다
충분한 사랑이 녹일 수 없는 근심은 없습니다
충분한 사랑이 풀 수 없는 매듭은 없습니다

— 에멧 파스(Emmet Fox), 〈황금의 문〉

모든 일을 사랑으로 해결하는 것은 결코 쉽지 않습니다. 그러나 거기에 길이 있습니다. 희망이 있습니다. 용서와 화해와 새 출발의 이유가 그 안에 있습니다.

사랑은 생명력이며 사람을 살려내는 힘입니다. 사랑할 시간은 그리 많지 않습니다.

부모 닮는 자녀

미국 한 작은 도시의 통나무집에는 다음과 같은 글귀가 적힌 푯말이 세워져 있다고 합니다.

이 집은 작습니다. 그러나 이 집은 위대한 집입니다.

이 집의 후손들에 의해서 미국은 큰 빛을 발하게 되었습니다. 한때 이 집의 주인이었던 조나단 에드워즈(Jonathan Edwards)의 가정에서 자란 12명의 자녀들에 대한 이야기입니다.

조나단 에드워즈의 자녀들 중 한 명은 일찍 죽었고 나머지 11명은 건강하게 자라 사회에 공헌하는 사람들이 되었습니다.

5대에 걸쳐서 이 가계를 조사해 보았더니 1명의 부통령, 3명의 주지사, 33명의 판사, 116명의 목사 및 선교사, 75명의 사업가, 25명의 발명가, 66명의 교수, 68명의 의사, 82명의 고위관리가 배출되었다고 합니다.

사회적 명성을 성공의 단순한 척도로 볼 수는 없지만 한 가문에서 영향력 있는 사람이 이렇듯 많이 배출된 것은 예사로이 보고 지나칠

일은 아닙니다.

   따라서 미국 사람들은 연구하기 시작했습니다. 결론은 "조나단 에드워즈 부부는 훌륭한 부부이면서 훌륭한 교사였다"라고 합니다.

   자녀 교육에 왕도는 없습니다. 자녀들은 부모의 훈계대로 자라지 않고 부모의 모습 그대로 자랍니다. 내 모습 그대로 자라는 자녀들을 위해 부모가 올바로 살아야 합니다.

부부농사 망치는 10대 비결

세계부부의날위원회가 '부부농사 망치는 10대 비결'을 발표했습니다. 그 내용은 이렇습니다.

1. 결코 인내도, 용서도 하지 않는다(불용).
2. 배우자의 언행에 일절 이해나 배려를 하지 않는다(몰이해).
3. 서로 칭찬을 밀리하며 마음대로 미워하고 저주한다(칭찬 금지).
4. 일체의 애정 표현이나 선물을 금한다(애정 표현, 선물 금지).
5. 갖가지 폭력, 욕설, 바가지를 퍼붓는다(폭력 난무).
6. 과감히 외도하고 배우자가 무슨 짓을 하든 상관 않는다(외도, 무관심).
7. 부부가 서로 딴 호주머니를 찬다(따로 통장).
8. 배우자 앞에서 딴 남(여)자의 자랑을 늘어놓는다(비교).
9. 시댁(처가)에 대한 험담, 모략, 중상을 자주 한다(험담, 모략).
10. 결혼기념일, 배우자 생일 등 기념일을 무시한다(기념일 무시).

'부부싸움은 칼로 물 베기'라고 합니다. 하지만 될 수 있으면 싸움으로 가지 않는 것이 최선입니다. 부부싸움에도 기술이 있습니다.

싸우더라도 분별력이 있어야 합니다. 최악의 막말과 행동은 삼가야 합니다.

　행복한 부부는 싸움을 할 때도 되도록 상대방에게 상처를 주는 말을 삼갑니다. 그러나 실패한 부부는 100마디 중 10마디는 상처를 주는 말을 하여 상대를 굴복시키고자 합니다. 상대방에게 건네는 따뜻한 말 한마디가 가정을 평화롭게 합니다.

희생을 머금은 가족

　오래전 멕시코의 어느 마을에 병에 걸린 어머니를 간호하는 착한 소녀가 있었습니다. 소녀는 어머니의 회복을 위해 간절히 기도했습니다. 그리고 산에 올라가 약초를 캤습니다.

　어느 날 소녀는 절벽 사이에 돋아난 약초를 캐다가 그만 굴러떨어졌습니다. 소녀가 흘린 피로 주변의 하얀 꽃이 빨갛게 물들었습니다. 정신이 희미해진 순간 예수님이 나타나 말씀하셨습니다.

　"저 피 묻은 꽃을 꺾어 어머니에게 갖다 드려라."

　곧 소녀는 힘을 얻고 일어나 그 꽃을 어머니에게 갖다 드렸습니다. 어머니는 꽃의 향기를 맡고 병석에서 일어나 건강을 되찾았다고 합니다.

　이 꽃의 이름은 '포인세티아' 입니다. 꽃말은 '희생', '축복' 입니다. '희생이 축복의 열매를 맺는다' 는 말입니다.

　삶의 큰 의미 중 하나는 바로 가족입니다. 나보다 가족을 먼저 생각하는 마음이 희생을 감내하고 인내하게 만듭니다. 가족을 책임지는 것은 결국 자기 자신과 세상, 그리고 모든 것에 대하여 책임을 지는 것과 같습니다.

  모든 일에는 자기 희생이 있어야 합니다. 희생 없이 생명은 없습니다. 모든 사랑은 희생으로 지켜집니다. 희생 없는 은혜는 가짜입니다. 예수님이 그렇게 사셨습니다. 예수님의 제자들도 그렇게 살아야 합니다. 자기 희생을 통해 남을 살리는 은혜의 통로가 되십시오.

사랑은 헌신입니다

너무 작아
손에 쥘 수도 없는 연필 한 개가
누군가 쓰다 남은 이 초라한 토막이
왜 이리 정다울까

욕심 없으면 바보 되는 이 세상에
몽땅 주기만 하고 아프게 잘려 왔구나

대가를 바라지 않는 깨끗한 소멸을
그 소박한 순명을 본받고 싶다

헤픈 말을 버리고 진실만 표현하며
너처럼 묵묵히 살고 싶다
묵묵히 아프고 싶다

— 이해인, 〈몽당연필〉

사랑은 헌신입니다. 서로를 끌어안아 일으켜 세워주는 것입니다. 그 손길이 큰 힘을 발휘합니다. 그 손길이 나를 다시 일으켜 세웁니다. 나를 더 강하게 하고, 어제보다 더 나은 사람으로 만들어줍니다.

따뜻한 마음

세계적인 배우 오드리 헵번(Audrey Hepburn)은 1988년부터 유니세프 친선대사로 에티오피아, 수단, 베트남 등 제3세계를 방문해 굶주린 어린아이들을 위한 구호활동을 벌여 많은 사람의 존경을 받았습니다.

그녀는 죽기 전 마지막 성탄 전야에 자녀들에게 샘 레벤슨(Sam Levenson)의 시를 유언처럼 읽어주었다고 합니다.

아름다운 입술을 갖고 싶으면 친절한 말을 하라
사랑스런 눈을 갖고 싶으면 사람들에게서 좋은 점을 보라
날씬한 몸매를 갖고 싶으면 너의 음식을 배고픈 사람과 나눠라
아름다운 머리카락을 갖고 싶으면 하루에 한 번 어린이가 너의 머리를 쓰다듬게 하라
아름다운 자세를 갖고 싶으면 결코 너 자신이 혼자 걷고 있지 않음을 명심해서 걸어라

결국은 따뜻한 마음입니다. 따뜻한 마음 하나로 좋은 이웃이 될 수

있습니다. 따뜻한 마음 하나로 행복과 불행이 갈립니다. 따뜻한 마음을 전하는 삶을 삽시다.

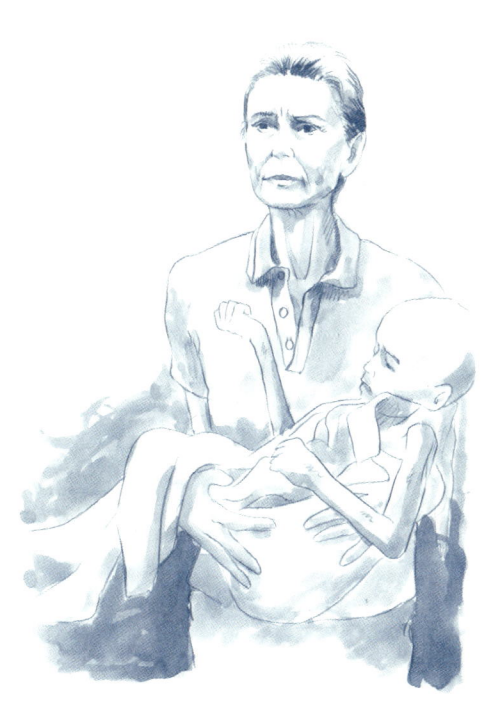

즐거운 교환

고대 국가의 재화 교환은 필요한 물건들을 서로 바꾸는 물물 교환으로 시작되었습니다. 이러한 물물 교환은 불편한 점이 많아서 점차 소금, 쌀 같은 실물 화폐가 교환 수단이 되었습니다.

상호 간의 거래에는 반드시 지켜야 할 전제가 있습니다. 서로의 가치가 비슷해야 한다는 점입니다. 서로가 이해할 수 있는 수준의 합의가 이루어져야 교환이 성사됩니다. 싸구려 물건을 값비싼 물건으로 포장해서 팔면 사기입니다. 반대로 값비싼 물건을 아무런 대가 없이 공짜로 준다면 그것은 뇌물입니다.

그런데 2,000년 전에 인류 역사상 가장 이상한 교환이 있었습니다. 그 거래의 주관자는 하나님이셨고, 당사자는 예수님과 모든 인류였습니다. 교환 장소는 바로 십자가였습니다. 하나님은 도저히 이해할 수 없는 거래를 십자가에서 온 인류를 상대로 제안하셨습니다.

인간이 가져온 모든 물건은 쓰레기들뿐이었습니다. 그런데 하나님이 그것을 모두 천국의 복으로 교환해 주셨습니다. 그러면서도 오히려 기뻐하시고, 위로해 주시고, 사랑으로 감싸주셨습니다. 우리의 모든 고통, 절망, 미움, 원망, 분노의 쓰레기들을 다 받아주셨습니다.

이것을 가리켜 종교개혁자 마르틴 루터(Martin Luther)는 '즐거운 교환'이라고 했습니다. 신학자 칼 바르트(Karl Barth)는 이를 '화해'라는 단어로 설명했습니다.

십자가는 바로 하나님과 죄인 된 우리를 하나로 연결시키는 화해의 자리입니다. 우리가 받아야 할 형벌을 예수님이 대신 받으심으로 예수님의 모든 의가 우리의 의가 되었습니다. 그래서 십자가는 나도 즐겁고 하나님도 즐거워하시는 '즐거운 교환'의 장소입니다. '화해의 장터'입니다.

아버지를 닮아가는 자녀

아버지학교를 통해서 '아버지 면허증 갖기 운동'을 벌이고 있는 기독교가정사역연구소가 아버지의 유형을 발표한 적이 있습니다. 모두 7가지 유형이 있습니다.

1. 과속형 : 기대 이상을 요구하는 아버지로, 모든 분야에서 자녀가 뛰어나기를 바란다.
2. 음주운전형 : 자신의 신분을 잊고 환상에 사로잡혀 사는 아버지로, 감각적일 뿐 아니라 기분에 따라 기준이 달라진다.
3. 뺑소니형 : 자녀로부터 언제나 도피한다. 책임 회피에 익숙하며 핑계거리를 찾는 아버지로, 자녀는 늘 고독하다.
4. 신호위반형 : 규칙을 무시하고 도덕과 윤리 기준이 없다. 상식을 벗어난 행동을 하면서도 어떤 자책감도 느끼지 못한다.
5. 끼어들기형 : 남의 영역을 쉽게 침해하고 늘 간섭한다. 불평이 많으며 자녀 앞에서 다른 사람의 험담을 많이 한다.
6. 추월형 : 자녀의 필요를 기다리지 않고 먼저 주어버리는 과잉보호형이다. 이런 경우 자녀의 능력과 창의성을 빼앗을 수 있다.

7. 중앙선 침범형 : 자녀의 삶을 지나치게 간섭하고 통제한다. 자연히 자녀는 부모로부터 이해받지 못한다고 느낀다.

가장 큰 문제는 자녀가 아버지의 모습을 그대로 닮아간다는 것입니다. '싸우면서 배운다'는 옛말처럼 자녀는 아버지의 행동에 저항하고, 그 행동을 싫어하면서 자신도 모르게 닮아갑니다. 그러므로 평소 하나님의 말씀을 묵상하고 경건한 삶의 모범을 보이는 것이 무엇보다도 필요합니다.

"마땅히 행할 길을 아이에게 가르치라 그리하면 늙어도 그것을 떠나지 아니하리라"(잠언 22:6).

부모 말의 능력

유태인들이 아기를 목욕시킬 때 드리는 기도문이 있습니다. 그 내용은 이렇습니다.

1. 머리를 감기면서

　"아이의 머릿속이 주님을 경외하는 것으로 가득 차게 하옵소서."

2. 얼굴을 씻어주면서

　"아이의 얼굴이 하늘을 바라보며, 하늘의 소망을 갖고 자라게 하옵소서."

3. 입 안을 씻어주면서

　"아이의 입에서 나오는 모든 말이 복음의 말이 되게 하옵소서."

4. 손을 닦아주면서

　"아이의 손이 기도하는 손이요, 사람을 칭찬하는 손이 되게 하옵소서."

5. 가슴을 닦아주면서

　"아이의 가슴에 나라와 민족이 들어서게 하소서. 5대양 6대주를 가슴에 품고 살게 하옵소서."

6. 배를 씻어주면서

"아이의 몸속에 있는 모든 기관, 오장육부를 튼튼하고 강건하게 하옵소서."

7. 생식기를 씻어주면서

"결혼하는 날까지 순결을 지켜 하나님이 원하시는 가정을 이루고 축복의 자녀를 준비하게 하옵소서."

8. 다리를 씻어주면서

"부지런한 다리가 되어서 온 나라와 민족에 복음을 증거하는 전도자의 걸음으로 인도하옵소서."

9. 엉덩이를 씻어주면서

"교만한 자리에 앉지 않게 하시고 하나님이 원하시는 자리에 앉게 하옵소서."

10. 등허리를 씻어주면서

"보이는 부모를 의지하지 않고 보이지 않으시는 하나님만을 의지하게 하옵소서."

말은 그 말에 해당하는 것을 끌어당기는 에너지가 있습니다. 말은 씨앗과도 같기에 혀가 뿌린 대로 거둡니다. 특히 자녀를 위한 부모의 말은 능력이 있습니다.

성숙한 사랑

 미국 웨스트몬트 대학의 학장이 어느 날 테레사 수녀를 만나서 물었습니다.
 "수녀님, 수녀님은 한 번도 화난 적이 없으십니까? 화를 일주일 내내 한 번도 안 내십니까?"
 그러자 테레사 수녀는 이렇게 말했습니다.
 "저는 사랑한 사람이 많고, 사랑하고 있는 사람이 많고, 앞으로 사랑할 사람이 너무너무 많아서 화낼 시간이 없습니다."

 정말 멋있는 말입니다. 성숙한 사람은 오직 사랑할 뿐 기대하지 않습니다. 누군가를 사랑할 때 내가 사랑한 만큼 받으려고 하면 화가 납니다. 기대를 하면 상대방으로부터 자유롭지 못합니다. 그러나 상대방을 사랑의 대상으로 보기 시작하면 자유인이 됩니다.
 우리도 사랑한 사람이 많고, 사랑하고 있는 사람이 많고, 앞으로 사랑할 사람이 너무너무 많아서 화낼 시간이 없어야 합니다.

사랑의 신비

진정한 사랑은 마음으로 나누는 사랑이고, 가치 있는 사랑은 오직 한 사람에 대한 사랑이며, 헌신적인 사랑은 되돌려받을 생각이 없이 하는 사랑이다.

소중한 사랑은 영원히 간직하고픈 사람과 나누는 사랑이고, 행복한 사랑은 마음의 일치에 의하여 나누는 사랑이며, 뿌듯한 사랑은 주는 사랑이다.

포근한 사랑은 정으로 나누는 사랑이고, 감격적인 사랑은 오랫동안 떨어졌다가 다시 만난 사랑이며, 때 묻지 않은 사랑은 첫사랑이다.

순간의 사랑은 마음이 배제된 사랑이고, 영원한 사랑은 마음이 합치된 사랑이며, 끝없는 사랑은 죽음에 이르러서까지 나누는 사랑이다.

사랑의 힘은 매우 큽니다. 무엇보다도 사람을 아름답게 만듭니다. 말을 아름답게, 생각을 아름답게, 얼굴을 아름답게 합니다. 사랑하면 할수록 더 아름다워져서 마침내는 사람이 꽃보다 아름다워집니다. 그래서 사랑은 신비롭습니다. 사람을 움직이고 세상을 흔듭니다. 그것이 사랑의 법칙, 사랑의 신비, 사랑의 놀라운 힘입니다.

사람을 살리는 사랑

사랑의 중요한 두 가지 의무는 주는 것과 용서하는 것입니다. 사랑은 허다한 죄를 덮기 때문입니다. 소설가 공지영 씨는 이렇게 말했습니다.

좋은 거 있을 때 여기 그 사람이 있었으면 좋겠다, 생각하는 거 그게 사랑인 것이다.

사랑의 깊은 의미를 가장 명쾌하게 설명해 준 에리히 프롬(Erich Fromm)은 그의 저서 사랑의 기술에서 사랑의 다섯 가지 요소에 대해 말했습니다. 사랑의 첫째 요소는 따뜻한 관심이고, 둘째 요소는 존중하는 것이며, 셋째 요소는 책임감을 갖는 것, 넷째 요소는 이해하는 것, 마지막 요소는 주는 것이라고 했습니다.

사랑은 소멸될 수 없는 인간의 영원한 주제입니다. 입술로만 하는 사랑은 소용이 없습니다. 행함과 진실이 필요합니다. 사랑이 없으면 살아 있어도 죽은 것과 같습니다. 사랑이 사람을 살립니다.

더욱 아름다운 교회

미국의 스탠 톨러(Stan Toler)와 앨런 넬슨(Alan Nelson)이 쓴 파이브 스타 교회라는 책이 있습니다. 별 세 개는 관광호텔, 별 네 개는 특급호텔, 그리고 별이 다섯 개면 초특급호텔로 최고 수준의 호텔을 의미합니다.

저자는 교회를 호텔과 비교했습니다. 별 세 개짜리 교회가 있고, 네 개짜리 교회가 있으며, 다섯 개짜리 최고 수준의 교회가 있다는 것입니다. 이 책에 의하면 교회의 수준은 건물이나 모이는 수에 있지 않고 하나님과 사람들을 향한 서비스의 질에 달려 있습니다. 그래서 이 책의 부제를 이렇게 달았습니다.

최선을 다해서 하나님과 하나님의 백성들을 섬기는 교회

우리가 섬기는 교회는 별 몇 개짜리일까요? 공동체는 마음으로 소원한다고 세워지는 것이 아닙니다. 꿈을 꾸는 것으로 성취되는 것도 아닙니다. 기도만으로 성취되는 것도 아닙니다. 사람들이 서로 사랑하고 섬길 준비가 되었을 때 세워지는 것입니다.

어느 곳에나 미처 사람의 손이 닿지 않은 빈 곳이 있을 수 있습니다. 누군가가 채우지 않으면 둑이 무너지고 홍수가 날 수 있습니다. 밖으로 드러내지 않고 남모르게 빈 곳을 채워가는 사람들, 그 감춰진 섬김 때문에 교회는 더욱 아름다워질 수 있습니다.

사랑받는 사람의 비밀

사랑받는 것은 행복한 일입니다. 직장이나 가정, 혹은 사람들 사이에서 인기 있는 사람들이 공통으로 가진 비밀은 무엇일까요?

일본의 정신의학자 사이토 시게타 박사는 그의 저서 **사랑받는 사람들의 9가지 공통점**에서 이렇게 말합니다.

1. 남에게 무리한 요구를 하지 않는다.
2. 다른 이의 마음을 헤아릴 줄 안다.
3. 너무 완벽을 추구하지 않고 알맞게 너그러우며 인생을 80%로 산다.
4. 기다릴 줄 안다.
5. 기다려야 하는 시간을 헛되다고 생각하지 않고 오히려 즐거운 시간으로 바꾼다.
6. 남의 실패도 진심으로 걱정해 주며 다른 사람에 대한 험담이나 나쁜 소문이 돌았을 때 퍼뜨리지 않고 자기 자신에게서 멈춘다.
7. 위로나 충고를 할 때에는 상대방의 입장을 충분히 생각한 뒤 객관적으로 말해 준다.
8. 다른 사람을 높여준다.

9. 누구에게나 한 가지 좋은 점은 있기 마련이다. 남의 단점보다는 장점을 찾아내고 이를 칭찬한다.
10. 사랑받기의 가장 중요한 비밀은 바로 자신을 사랑하는 것이다. 만약 내가 나 자신을 싫어한다면 다른 이가 나를 좋아할 수 없다.

내가 사랑받는 존재로 사는 가장 중요한 비밀은 결국 있는 그대로의 자기 모습을 사랑하고 감사하면서, 모자라는 것은 채우고, 넘치는 것은 조금씩 깎아내면서 사는 데 있습니다.

HUDDLING

제4부

믿음

생명을 구원하는 교회 / 네누죽 / 구원받은 자의 우선순위 / 성경을 읽어야 할 10가지 이유 / 천국의 삶 / 천국에서의 어머니 / 완전한 신임을 위한 '3' / 변화의 시작 / 최고전도자 / 영혼의 양식 / 살아 있는 교회 VS 죽어가는 교회 / 부활 다논 / 역설 주기도문 / 4중 복음 / 교회의 아름다운 발 / 기도의 힘 / 하나님께 인정받는 비결 / 예수님 바라보기 / 한 판도 / 1루나기 있거로 사람들 / 동행자 / 좋은 자녀 / 그 선교사들처럼 / 우리 인생에 1% 부족한 것 / 절대 후회 없음 / 기도로 시작된 나라 / 용기와 지혜가 필요한 사역 / 마음과 몸으로 드리기 / 순수열 맥로 / 소망역 C / 소망이 된 죽음

생명을 구원하는 교회

높은 파도 덕분에 젊은이들 사이에서 파도타기에 좋은 장소로 알려진 해변이 있었습니다. 그러나 파도에 휩쓸려 실종되거나 죽는 사고도 빈번했습니다. 그러자 보다 못한 한 노인이 보트를 타고 해변을 지키기 시작했습니다. 파도타기를 하다 위험을 당한 많은 젊은이들이 노인에게 구조를 받았습니다. 노인은 해변가에 작은 텐트를 치고 그 안에 머물면서 바다를 지켰습니다.

그런데 노인의 선행이 뉴스를 통해서 알려지기 시작하자 노인을 돕겠다는 사람들과 물질이 몰려들기 시작했습니다. 초라한 텐트는 현대식 건물로, 구조 장비는 최신식으로 교체되었고 정치인, 관광객, 노인이 구조해 준 가족들이 찾아오기 시작했습니다.

그러자 간단한 수영복만 입고 있었던 노인은 손님을 맞이하기 위해 양복을 입었습니다. 또한 손님들이 식사를 할 수 있도록 식당을 만들었고, 먼 곳에서 오는 이들을 위해 숙소를 만들었습니다.

초라했던 텐트는 사람들이 붐비는 '해변 종합 클럽'이 되어버렸습니다. 노인은 손님을 맞이하느라 더 이상 사람을 구조할 시간이 없었습니다. 이제 그 해변에는 사람을 구조하지 않는 '해변 구난자 멤버십

클럽'만 남게 되었습니다.

 오늘의 한국 교회가 이런 모습이 아닐까 생각해 봅니다. 거친 바다에서 파도와 싸우며 고기를 낚는 어부가 아닌, 잡은 고기를 감상하는 수족관 지킴이가 되어 있습니다. 이제 바다로 나가서 생명을 구원해야 합니다.

니트족

요즈음 갈수록 니트(NEET)족이 늘어난다고 합니다. '일하지 않고, 일할 의지도 없는 청년 무직자' 라는 뜻의 신조어 니트족은 'Not in Education, Employment or Training' 의 줄임말입니다. 1990년대 경제 상황이 나빴던 영국 등 유럽에서 처음 등장했으며 일본으로 빠르게 확산되어 사회 불안을 유발하는 사회병리현상으로 나타나고 있습니다.

한국에서도 니트족이 급증하고 있는 것으로 보입니다. 2015년 우리나라 니트족의 수는 전체 인구의 1.71% 인 85만 3,900명으로 늘어날 것으로 추산되었습니다.

니트족은 그 수가 늘어날수록 경제의 잠재 성장력을 떨어뜨리고 국내총생산을 감소시키는 등 경제에 나쁜 영향을 주는 동시에 여러 가지 사회 문제를 일으킬 가능성이 크다고 합니다.

교회 안에도 니트족이 있습니다. '봉사하지 않고, 봉사할 의지도 없는 무직자' 를 말합니다. 교회가 건강하기 위해서는 먼저 손 내밀어 섬기는 사람들이 많아야 합니다.

82세의 일기로 일생을 마감한 톨스토이(Tolstoy)는 죽기 직전에 쓴 일기에서 이렇게 기도했습니다.

나는 모든 걸 견딜 수 없다. 비를 맞으며 여기저기를 걸어 다녔다.
아버지여, 생명의 근원이시여, 우주의 영이시여,
생명의 원천이시여, 날 도와주소서.
내 인생의 마지막 며칠, 마지막 몇 시간이라도
당신에게 봉사하며
당신만 바라보며 살 수 있도록 날 도와주소서.

구원받은 자의 우선순위

　미국 시애틀 퍼시픽 대학에 데이비드 맥케나(David Mckenna) 박사가 총장으로 있을 때의 일입니다. 학교가 설립된 지 50년이 되어 50주년 창립기념식과 졸업식을 겸해 설교할 사람을 찾았습니다. 그는 친구인 빌리 그레이엄(Billy Graham) 목사에게 부탁했습니다. 그러나 빌리 그레이엄 목사는 수첩에 기록된 스케줄을 확인해 본 후 다음과 같이 말하며 정중하게 거절했습니다.

　"초청은 고맙네. 그러나 나는 그날 우리 동네 주유소 주인과 점심 약속이 있네. 그를 전도하기 위해서 어렵게 만든 약속이지. 그 큰 행사에는 나 말고도 얼마든지 갈 사람이 많을 것일세. 나는 전도하는 사람 아닌가?"

　맥케나 박사는 "나는 거절당하고도 감동을 받았다."고 책에 썼습니다. 그리고 졸업식에서 이렇게 이야기했습니다.

　"이 자리에 빌리 그레이엄 목사님이 오실 수 있었는데 오늘 주유소 사장님을 전도하시기 위해 이 자리에 못 오셨습니다."

　빌리 그레이엄 목사가 훌륭한 이유는 영광스런 자리에 가기보다 한 영혼에게 복음을 전하는 일이 더 중요하다고 생각했기 때문입니다.

그는 우선순위를 아는 전도자였습니다.

우리는 구원받은 사람으로서 다른 사람에게 복음을 전해야 할 책임이 있습니다. 전도는 우리의 최우선입니다.

성경을 읽어야 할 10가지 이유

우리는 매일 성경을 읽어야 합니다. 그 이유는 다음과 같습니다.

1. 불안을 떨치고 평안을 얻기 위해(시 119:65).
2. 치유와 구원을 경험하기 위해(시 107:20).
3. 주님 안에서 자라기 위해(벧전 2:2).
4. 고난 가운데 위로를 얻기 위해(시 119:50).
5. 힘과 위로와 소망을 얻기 위해(시 119:28).
6. 자신을 돌아보고 올바른 삶을 살기 위해(시 119:11).
7. 선악을 분별하기 위해(시 119:101-102).
8. 기쁨을 누리기 위해(시 16:11).
9. 믿음을 쌓기 위해(롬 10:17).
10. 하나님이 나를 얼마나 사랑하시는지 알기 위해(요 1:14).

성경은 세계에서 가장 많은 사람이 소유하고 있는 책입니다. 2006년 미국 시민을 대상으로 한 조사에서 응답자의 79.8%가 성경이 인류 역사상 가장 큰 영향을 준 책이라고 답했습니다. 사람들에게 많은 영향력을 끼친 두 번째 책은 스포크 박사의 육아 서적으로, 응답자의 4.7%를 차지했을 뿐입니다. 성경이 압도적인 1위를 차지했습니다.

미국의 16대 대통령 에이브러햄 링컨과 정열의 복음전도자 무디(D. L. Moody), 동시대를 살았던 사업가 존 워너메이커(John Wanamaker)는 가난했던 시절 오직 하나님만 의지했고, 하나님의 말씀인 성경을 통하여 위대한 거인이 되었습니다.

성경을 열심히 읽으면 큰 영향을 받아 삶이 변화될 것입니다.

천국의 섬

오늘 이 땅 한국은 전도가 후퇴하는 계절을 맞이하고 있습니다. 그런데 이때에도 최고의 복음화율을 자랑하는 곳이 있습니다. 전라남도 신안군 증도입니다.

증도는 90%의 복음화율을 자랑하는 섬입니다. 섬 특유의 미신도, 투전판도, 놀음도 없고 사찰도, 굿당도, 점집도 하나 존재하지 않으며 주말이면 모든 식당이 문을 닫는 곳입니다. 섬 인구 2,200명 거의 전부가 주일에 교회 갈 준비를 하기 때문입니다. 11개의 교회들은 모두 성결교회로, 서로를 도와가며 증도를 천국의 섬으로 가꾸고 있습니다.

어느 기자가 섬에 사는 한 할머니를 붙들고 물었습니다.

"할머니, 이 작은 섬에 왜 이렇게 교회가 많지요?"

할머니는 주저 없이 대답했습니다.

"아, 그거야 다 문준경 전도사님 덕분이제."

이 섬의 복음화는 예수 안에서 행복했던 한 여인의 헌신으로 말미암은 것이었습니다. 그와 같은 거룩한 전도자가 많아진다면 사도행전의 부흥이 또 한 번 이 땅에서 머지않았다고 믿습니다.

천국의 섬의 어머니

1891년 전라남도 신안군 암태도에서 태어난 문준경 전도사는 나이 17세에 증도로 시집을 갔습니다. 그러나 신랑 얼굴 한 번 못 보고 혼례를 치른 첫날밤부터 소박을 맞았습니다. 이후 20년간 남편에게 버림받은 생과부가 되어 모진 시집살이를 하다 우연히 집을 찾아온 전도부인에게 전도를 받아 예수를 믿게 되었습니다. 곧 그녀는 유명한 이성봉 목사 부흥회에서 은혜를 받고 하나님 나라에 헌신했습니다.

그녀는 경성성서학원에 입학하여 전도부인이 된 후 다시 고향 신안에 내려와 나룻배를 타고 섬들을 다니며 복음을 전했습니다. 주민들의 부탁으로 짐꾼, 우체부, 약사, 의사 노릇을 하며 전도를 했습니다.

심나나 개척교회들이 세워졌고 그녀의 영향을 받아 이만신, 김준곤, 정태기, 신복윤, 이봉성 등 30여 명의 걸출한 한국교회 목회자들이 생겨났습니다.

그녀의 나이 59세 되던 해에 6.25 전쟁 중 공산당원이 그녀를 체포했습니다. 그리고는 "새끼를 많이 깐 씨암탉아, 죽어라!" 하고 소리치며 몽둥이를 내리쳤습니다. 문준경 전도사는 "아버지여, 제 영혼을 받으소서" 하고 기도하며 이어진 총탄을 맞고 숨을 거두었습니다.

그녀는 공산당원의 증언처럼 수많은 영혼의 생명을 낳은 거룩한 씨암탉으로 주께 부르심을 받았습니다. 그 결과 오늘날 증도는 민족의 성지라고 할 만큼 90% 이상 예수를 믿는 천국의 섬으로 변화되었습니다.

누가 이 비전을 실현하는 주인공이 되겠습니까? 우리가 아니라면 누가 하겠습니까? 지금이 아니라면 언제 하겠습니까? 여기서부터 안 한다면 어디에서 하겠습니까?

완전한 신앙을 위한 '3H'

18세기 영국의 개혁자 존 웨슬리(John Wesley)는 완전한 신앙을 갖기 위해서는 '3H'가 필요하다고 했습니다.

첫 번째는 'Head', 즉 머리입니다. 생각을 잘해야 한다는 것입니다. 어떤 생각을 하느냐는 어떤 인생을 사느냐를 결정합니다. 생각은 마치 우리 인생의 핸들과 같습니다.

두 번째는 'Heart', 즉 마음입니다. 성령의 감동과 하나님의 사랑으로 충만한 마음이 있어야 합니다. 마음이 병들면 육체가 병이 듭니다. 따라서 마음이 건강해야 합니다.

세 번째는 'Hand', 즉 손입니다. 손은 실천하는 것을 말합니다. 행동으로 옮겨야 합니다. 올바른 실천, 올바른 행동이 축복의 열매, 행복의 열매를 가져옵니다.

찰스 디킨스(Charles Dickens)의 크리스마스 캐럴에 나오는 구두쇠 스크루지는 그의 손과 마음, 생각이 바뀌자 그 어떤 크리스마스보다도 행복한, 최고의 크리스마스를 보낼 수 있었습니다.

변화의 시작

존 웨슬리 목사는 평소 친분이 있던 어떤 사람과 이야기하면서 요즘은 믿음생활을 잘하고 있는지를 물었습니다. 그러자 그가 말했습니다.

"지금 다니는 교회가 별로 좋지 않아서 믿음이 생기지 않고 교회 다니기가 점점 싫어집니다. 어디 정말로 좋은 교회가 있으면 추천 좀 해주십시오. 그곳에 가면 믿음생활을 더욱 잘 할 수 있을 것 같습니다."

이 말을 들은 웨슬리 목사가 대답했습니다.

"그런 교회가 세상에 어디 있겠습니까? 그런데 만일 그런 교회가 있다면 당신은 그 교회에 절대로 나가지 마십시오."

"왜입니까?"

어리둥절해하는 그에게 웨슬리는 이렇게 말했습니다.

"그 교회라도 좋은 교회로 남아 있기를 바라니까요."

우리는 변화를 꿈꿉니다. 그리고 만족스럽지 못하면 원인과 이유를 환경에서, 조직에서, 다른 사람에게서 찾습니다. 그러나 변화의 시작은 결국 다름 아닌 내 안에 있습니다. 좋은 교회는 바로 나로부터 시작되는 것입니다.

최고전도자

스타벅스 커피 회사의 회장 하워드 슐츠(Howard Schultz)는 기자들과의 인터뷰에서 CEO(Chief Executive Officer, 최고경영자)의 뜻을 이렇게 설명했습니다.

"저는 CEO를 보통 사람들처럼 해석하지 않습니다. 저는 'Executive'(경영자) 대신 'Evangelist'(전도자)로 표현하고 싶습니다."

그는 자신부터 세계 곳곳을 다닐 때마다 커피를 전도하기 위해 노력한다고 합니다.

제너럴 일렉트릭의 회장이자 CEO였던 잭 웰치(Jack Welch)도 "어떻게 하면 소비자들을 전도자로 만들 것인가?"를 강조했습니다.

현대의 많은 기업인들은 자기 회사의 상품을 사가는 사람을 전도자로 만들고 있습니다. 최고의 홍보와 광고는 '입 선전' 입니다.

하워드 슐츠가 스타벅스 커피를 전도하고, 잭 웰치가 자기 회사의 고객들을 전도자로 만든다면 왜 우리는 예수 그리스도의 십자가를 전도하지 못할까요? 왜 우리는 전도를 두려워하고 자신 없어 하는 것일까요?

우리 모두 십자가의 예수님을 확실히 믿고 십자가의 능력을 힘차게 전합시다.

영혼의 양식

몇 해 전 신문에 〈많은 설교를 들었지만〉이라는 투고 글로 논란이 일었습니다. 그 내용은 이렇습니다.

교회의 목회자들은 설교를 준비하는 데 많은 노력을 투자한다. 나는 거의 빠짐없이 30년 이상을 교회에 다닌 사람으로 3,000번 가량의 설교를 들었다. 그런데 대단히 놀라운 사실은 그렇게 많은 설교를 들었음에도 그중 단 한 개의 설교도 제대로 기억하지 못한다는 것이었다. 이것으로 미루어보아 목회자들이 설교 말고 다른 일에 시간과 정력을 투자하는 것이 더 유용하지 않을까 생각된다.

이 글은 많은 사람들의 토론과 관심의 대상이 되었습니다. 그러던 중 한 사람이 보낸 글로 모든 논쟁이 잠잠해졌습니다.

나는 결혼한 지 30년 된 사람으로 그동안 3만 2,850번의 식사를 했다. 그 대부분은 아내가 요리해서 차려준 음식이었다. 그런데 갑자기 내 머리에 떠오른 생각은 내가 그 많은 음식을 먹었음에도 그동안 먹은 음식의 식단을 단 한 가지도 제대로 기억하지 못하고 있다는 사실이었다. 그와 동시에 내가 확실하게 깨달은 것은 나에게 그 음식들이 없었다면 나는 벌써 오래 전에 굶어죽었을 것이라는 사실이다.

말씀은 생명입니다. 영혼의 양식을 먹어야 살아갈 수 있습니다.

살아 있는 교회 VS 죽어가는 교회

세계적인 신앙 잡지 **풀핏**(*Pulpit*)을 발행한 스피노스 목사는 살아 있는 교회와 죽어가는 교회를 다음과 같이 비교 설명했습니다.

살아 있는 교회는 교실, 주차장 등 공간이 늘 모자라는 문제가 있다.
죽어가는 교회는 공간을 염려하지 않는다.

살아 있는 교회는 항상 변화한다.
죽어가는 교회는 늘 똑같다.

살아 있는 교회는 아이들과 청소년들의 떠드는 소리로 늘 시끄럽다.
죽어가는 교회는 죽은 듯이 조용하다.

살아 있는 교회는 언제나 일이 많아 일꾼이 부족하다.
죽어가는 교회는 일이 없기에 일꾼을 찾을 필요가 없다.

살아 있는 교회는 언제나 예산을 초과해서 쓴다.

죽어가는 교회는 은행에 잔고가 많다.

살아 있는 교회는 새 얼굴의 사람이 많아 이름을 알기가 어렵다.
죽어가는 교회는 해를 거듭해도 그 사람이 그 사람이다.

살아 있는 교회는 믿음으로 운영되고,
죽어가는 교회는 인간적 판단에 의해 운영된다.

살아 있는 교회는 활발하게 전도하고,
죽어가는 교회는 점점 굳어져 화석화되어간다.

살아 움직이는 생명 공동체인 교회를 세워갈 수 있기를 바랍니다.

부활 나눔

로잘린드 부인은 남편이 십자군 전쟁에 나간 뒤 먼 산골 마을로 피해 살았습니다. 마을 사람들은 로잘린드 부인을 친절하게 대해 주었고, 그녀는 친절에 대한 보답의 뜻으로 부활절에 마을 아이들에게 예수님의 부활을 상징하는 예쁘게 색칠한 달걀을 나눠주었습니다. 달걀에는 로잘린드 부인이 직접 쓴 그녀의 집안 가훈이 적혀 있었습니다.

　하나님을 사랑하는 사람을 하나님은 돌보신다

어느 해 부활절 날, 로잘린드 부인에게 받은 달걀을 들고 가던 소년이 산속에서 병든 군인을 만나게 되었습니다. 소년은 군인을 보살피며 그 달걀을 주었습니다. 달걀을 받아든 군인은 달걀에 적힌 글을 보고 너무나 놀랐습니다. 바로 자기 집안의 가훈이었기 때문입니다. 군인은 소년에게 물었고, 결국 아내를 다시 만날 수 있었습니다.
이것이 유래가 되어 지금도 부활절이면 부활의 메시지가 담긴 색 달걀을 나누며 예수님의 부활을 축하하는 것입니다.

예수 그리스도의 부활을 믿는 성도들은 모든 방법을 동원해서 예수님의 부활을 전파해야 합니다. 나눔과 섬김으로 살아야 합니다. 여기에 구원과 기적이 반드시 일어납니다.

역설 주기도문

"하늘에 계신"이라고 하지 마라. 매일 땅의 것만 생각하면서…….

"우리"라고 하지 마라. 언제나 너 혼자만 생각하면서…….

"아버지"라고 하지 마라. 전혀 아들딸답게 살지 않으면서…….

"아버지의 이름을 거룩하게 하시며"라고 하지 마라. 제 이름만 내려고 발버둥치면서…….

"아버지의 나라가 오게 하시며"라고 하지 마라. 오로지 황금만능의 나라를 원하면서…….

"아버지의 뜻이 하늘에서와 같이 땅에서도 이루어지게 하소서"라고 하지 마라. 내 뜻만 이루기를 바라면서…….

"우리에게 일용할 양식을 주시고"라고 하지 마라. 죽을 때까지, 아니 대대로 먹을 양식을 쌓아두려고 하면서…….

"우리가 우리에게 잘못한 사람을 용서하여 준 것같이 우리 죄를 용서하여 주시고"라고 하지 마라. 여전히 마음 한구석에 적에 대한 앙심을 품고 있으면서…….

"우리를 시험에 빠지지 않게 하시고"라고 하지 마라. 죄인 줄 뻔히 알아도 매일 죄 지으면서…….

"악에서 구하소서"라고 하지 마라. 악을 빤히 보면서도 피하려 하지 않으면서…….

"아멘"이라고 하지 마라. 주님의 기도를 진정 나의 기도로 바치지 않으면서…….

기도는 '온몸으로, 그리고 진실하게'가 핵심입니다. 온몸으로, 진실하게 기도해야 가부간 결판이 납니다.

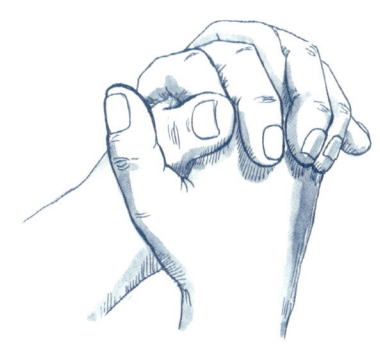

4중 복음

1. 중생(重生)

신앙의 가장 첫 순서는 중생입니다. 중생이란 거듭난다는 말입니다. 중생은 예수님을 믿으면서 가장 먼저 경험하게 되는 영적 체험을 말합니다. 그 결과 그때부터 하나님의 사람이 됩니다.

2. 성결(聖潔)

하나님을 만나면 영적 능력을 입게 됩니다. 그러면 하나님의 속성을 따라서 거룩해지는 마음과 생각과 뜻을 가지게 됩니다. 그래서 잃어버렸던 거룩함의 형상을 회복하게 됩니다. 이것이 성결의 은혜입니다.

3. 신유(神癒)

신유는 쉽게 말하자면 하나님의 은혜로 병을 고치는 삶을 말합니다. 신유는 두 가지로, 하나는 중병으로부터 고침받는 은혜이며, 또 하나는 병들지 않고 살아가는 건강한 삶을 말합니다. 지금도 하나님의 구원의 손길은 부지런히 우리의 마음과 몸속에서 치유로 나타나고 있습니다.

4. 재림(再臨)

예수님이 부활하시면서 제자들에게 약속하신 것이 있습니다. 그것은 "내가 반드시 다시 오겠다"는 약속입니다. 그것이 재림입니다. 예수께서 재림하시면 이 세상은 마지막 심판의 때를 맞이합니다.

4중 복음은 성경의 중심이며 핵심입니다. 이 네 가지 신학을 가지면 신앙의 균형을 이루게 됩니다.

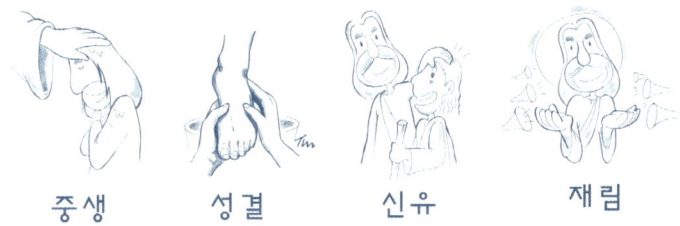

중생   성결   신유   재림

교회의 아름다운 발

미국 캘리포니아에 위치한 새들백교회의 릭 워렌(Rick Warren) 목사의 말입니다.

군대의 능력은 식당에 앉아서 밥을 먹는 사람이 몇 명인가에 달려 있지 않고 총을 들고 전쟁터에 나가는 사람이 얼마나 되는가에 달려 있다. 그렇다고 하면 하나님의 교회의 아름다움도 몇 명이 앉아서 예배를 드리느냐에 달려 있는 것이 아니라 얼마나 많은 사람을 보내느냐에 달려 있다.

하나님의 교회의 건강은 건물에 달려 있는 것이 아니라 발에 달려 있습니다. 사람들에게 있는 것도 아니고, 교회 예산에 있는 것도 아닙니다. 프로그램에 있는 것도 아니고, 교회의 전통이나 역사에 있는 것도 아닙니다. 하나님의 교회의 아름다움은 다름 아닌 발에 있습니다.

참 간단한데 늘 실천이 문제입니다. 말은 쉽습니다. 생각도 쉽습니다. 그러나 실천이 뒤따르지 않는다면 말도, 생각도, 앎도, 배움도 소용이 없습니다. 실천해야 진정한 힘이 됩니다.

   첫걸음을 내딛는 실천이 어렵지만 시작하면 할 수 있습니다.

기도의 힘

지금 우리에게 필요한 것은 기도입니다. 왜 기도가 꼭 필요합니까?

1. 기도는 놀라운 결과를 가져다줍니다(렘 33:3).
2. 기도는 세상에 영향을 줍니다(시 2:8).
3. 기도는 하나님을 의지하는 믿음을 고백하게 합니다(시 40:1, 4).
4. 기도는 우리의 뜻을 하나님의 뜻에 맞추게 합니다(요일 5:14).
5. 기도는 환상을 보게 해줍니다(행 11:5).
6. 기도는 닫힌 문들이 열리게 해줍니다(골 4:2-3).
7. 기도는 사단에 대한 승리를 가져다줍니다(엡 6:12, 18).
8. 기도는 하나님의 능력이 임하게 합니다(엡 3:14-16).
9. 기도는 담대히 전도할 힘을 가져다줍니다(엡 6:18-19).
10. 기도는 지혜를 가져다줍니다(약 1:5).
11. 기도는 염려를 평강으로 바꾸어줍니다(빌 4:6-7).
12. 기도는 기쁨이 충만하게 해줍니다(요 16:24).
13. 기도는 과실을 맺게 해줍니다(요 15:5-7).
14. 기도는 성도를 성장하게 해줍니다(빌 1:4-6).

15. 기도는 하나님을 기쁘시게 해드립니다(잠 15:8).

기도의 힘은 크고도 위대합니다. 삶에 하나하나 기도의 열매가 맺히는 것을 보면 경이롭습니다. 누군가 나를 위해 기도하고 있다는 것, 내가 누군가를 위해 간절히 기도한다는 것은 생각만 해도 행복한 일입니다. 기도는 삶의 가장 위대한 힘을 발휘하는 가장 아름다운 순간입니다.

하나님께 인정받는 비결

1. 하나님을 사랑하라(잠 8:17).
2. 말씀을 사랑하라(딤후 3:14-16).
3. 말씀을 듣고 순종하라(신 28:1-14).
4. 예배 중심의 생활을 하라(롬 12:1-2).
5. 십일조를 온전히 바치라(말 3:10).
6. 맡은 일에 충성하라(잠 25:13).
7. 진실하라(딤전 1:5).
8. 큰 믿음을 가지라(히 11:6).
9. 이웃을 사랑하라(마 22:39-40).
10. 경건한 삶을 살라(약 1:27).

열 남자가 좋아해도 남편의 사랑을 받지 못하면 행복하기 어렵습니다. 백 여자 속에서도 아내의 존경을 받지 못하면 소용이 없습니다. 아무리 많은 사람이 평가해도 자기 윗사람으로부터 인정받지 못하면 출세도, 성공도 어렵습니다. 세상의 자랑을 구해도 하나님께 인정받지 못하면 결국은 실패입니다.

예수님 바라보기

만유인력을 발견한 뉴턴(Isaac Newton)이 책상 앞에서 연구에 몰두하고 있었습니다. 그런데 파리 한 마리가 그의 주위를 빙빙 돌며 연구를 방해했습니다. 뉴턴은 손을 내저으면서 파리를 쫓았습니다. 그러나 파리는 그의 얼굴 앞에서 그의 신경을 더욱 날카롭게 했습니다. 참을 수 없었던 뉴턴은 벌떡 일어나 파리를 한 손으로 움켜잡았습니다.

그러나 뉴턴은 파리를 죽이지 않았습니다. 대신 창문을 열고 파리를 날려보내면서 이렇게 말했습니다.

"자, 세계가 이렇게 넓은데 왜 나만 괴롭히느냐?"

현실만 보지 말고, 문제만 보지 말고, 부족한 나 자신만 묵상하지 말고 크신 하나님을 바라보고, 세계를 바라보고, 천국을 바라보고, 예수님을 바라보며 넓은 마음으로 살아가시기를 바랍니다.

하나님도 다루시기 어려운 사람들

하나님도 다루시기 어려운 사람들의 유형이 몇 가지 있습니다.

1. 소달구지 유형

누군가가 끌어주면 덜커덩거리며 가지만 아무도 끌어주지 않으면 꼼짝하지 않고 서 있는 사람입니다.

2. 꼬리연 유형

꼬리를 흔들며 높이높이 올라가다가 어느 순간 보면 땅바닥에 곤두박질치는 사람입니다.

3. 고양이 유형

고양이는 머리에서 꼬리 쪽으로 잘 쓰다듬어주면 야옹야옹하며 좋아하고 따릅니다. 그러나 거꾸로 털을 쓰다듬어 올리면 아무나 할퀴고 달려듭니다. 잘 대해 주면 따르다가 자기 뜻에 안 맞으면 아무나 할퀴는 사람입니다.

4. 문제 학생 유형

지각과 조퇴하기를 좋아하고, 걸핏하면 휴학하고 다른 데로 전학

가고, 안 되면 퇴학하는 사람입니다.

5. 크리스마스 트리에 걸린 꼬마 전구 유형

깜빡이고 있는데 켜진 것인지 꺼진 것인지, 산 것인지 죽은 것인지 분간하기 어려운 사람입니다.

신앙으로 승리한 사람들은 무엇인가 특별한 것을 가지고 있을 것이라고 흔히 생각합니다. 그러나 그들도 보통 사람과 똑같습니다. 다만 하나님이 베푸시는 은혜의 기쁨을 깨달아 솔선수범함으로써 그 감격으로 사는 법을 알고 있을 뿐입니다.

동행자

자동차의 아버지 포드(Henry Ford)와 위대한 발명가 에디슨(Thomas Edison)은 매우 절친한 사이였습니다. 포드는 에디슨보다 나이가 많이 어렸지만 두 사람의 우정은 남달랐습니다.

포드는 에디슨을 물심양면으로 도왔습니다. 그리고 최초의 8기통(V8), 최초의 링컨 모델 등 신차가 나올 때마다 첫 차를 에디슨에게 선물하기도 했습니다.

1931년 10월 8일, 에디슨의 임종을 앞두고 포드는 에디슨의 아들에게 특별한 부탁을 했습니다. 에디슨이 임종할 때 그의 마지막 숨을 병에 담아 자신에게 달라는 것이었습니다. 에디슨의 아들 찰스는 두 사람의 우정을 생각해 아버지의 마지막 숨을 병에 담아 밀봉하여 포드에게 건넸습니다.

지금까지 이 유리병은 미국 미시간 주 디어본에 있는 헨리 포드 기념관에 보관되어 있습니다. 포드는 에디슨이 마지막으로 내쉰 숨을 갖게 되면 에디슨의 영감(spirit)을 간직할 수 있을 것이라고 믿었던 것입니다.

누구에게나 동반자가 필요합니다. 오래오래 함께 걸어가는 동행자가 필요합니다. 외롭고 괴롭고 힘들수록 그런 사람이 필요합니다.

우리에게는 에디슨과 포드 같은 동반자가 없어도 괜찮습니다. 더 귀하신 주님, 그분이 동행하시기 때문입니다.

좋은 지도자

지도자는 부러움의 대상이 아니라 존경의 대상입니다. 지도자는 군림하는 사람이 아니라 섬기는 사람입니다. 지도자는 땅이 쓰는 사람이 아니라 하늘이 쓰는 사람입니다. 하나님의 사람은 자신이 있는 곳에서 좋은 지도자로 살아가야 합니다.

서울대 이면우 교수는 세 가지 최악의 리더십을 말합니다.

첫째, 리더가 그 분야에 무식한 경우입니다. 이런 사람이 조직의 책임자가 되면 전문지식을 쌓을 때까지 모든 일은 보류될 수밖에 없습니다.

둘째, 리더가 무식한 데다 소신이 있는 경우입니다. 무식하지만 다행히 소신이라도 없다면 주위에 물어보거나 공부라도 할 텐데 "누가 뭐라 해도 나는 이렇게 하겠다" 하며 일을 망칩니다.

셋째, 리더가 무식한 데다 부지런한 경우입니다. 무식한 사람이 부지런하면 갈 곳, 안 갈 곳 가리지 않고 쫓아다니며 건드릴 것, 안 건드릴 것 다 건드려 사고를 저지르게 됩니다.

그러나 우리는 무식해도 좋습니다. 소신이 없어도 좋습니다. 부지런하지 않아도 좋습니다. 성경이 말하는 좋은 지도자는 하나님을 의지하는 자입니다. 다윗이 그처럼 위대한 이유는 무엇입니까? 여호와를 의지했기 때문입니다. 하나님의 힘으로 하는 것입니다.

나의 힘이 되신 여호와만을 사랑하는 지도자가 되시기를 바랍니다.

그 선교사들처럼

서울 합정동에는 한국기독교선교기념관이 있습니다. 이 땅을 복음의 땅끝으로 알고 찾아왔다가 숨진 10개국 395명의 선교사들이 묻힌 곳입니다. 양화진에 자리한 이 기념관은 지금 공원으로 조성되어 있습니다.

선교사들의 묘비명에는 생명력 있는 사랑의 메시지가 적혀 있습니다. 안락한 삶을 마다하고 한국을 찾아온 벽안의 선교사들은 죽어서도 우리에게 말하고 있습니다. 풍상에 씻겨 흔적을 알아보기 힘든 빛바랜 묘비명에는 그들의 고백이 담겨 있습니다.

친구를 위하여 자기 목숨을 버리면 이에서 더 큰 사랑이 없느니라.
- A. K. 젠슨

나에게 천의 생명이 주어진다 해도 그 모두를 한국에 바치리라.
- R. 켄드릭

섬김을 받으러 온 것이 아니라 섬기러 왔습니다.

- A. R. 아펜젤러

주님은 지금 우리에게 "너희가 은혜로 값없이 받았으니 너희도 값없이 나누어주라"고 말씀하십니다. 바로 이 땅에 복음을 전했던 선교사들처럼 말입니다.

우리 인생에 1% 부족한 것

에디슨이 했던 유명한 말이 있습니다.

천재는 99%의 노력과 1%의 영감으로 태어난다.

우리는 이 말을 노력의 중요성을 강조하는 말로 해석합니다. 물론 노력은 중요합니다. 그런데 에디슨의 원래 의도가 노력의 중요성을 강조하는 데만 있었을까요?

에디슨의 메모라는 책을 쓴 하마다 가즈유키는 이 말이 오해되고 있다고 말합니다. 에디슨의 원래 의도는 "1%의 영감을 얻기 위해 99%의 모든 노력을 기울여야 한다"는 뜻이었다고 설명합니다.

노력의 힘을 무시하는 것은 아니지만 노력만 가지고는 안 된다는 뜻입니다. 풀리지 않는 문제를 놓고 온 힘을 기울이고, 수많은 시행착오를 겪습니다. 그런 끝에 하늘로부터 영감이 주어지면서 문제가 풀리는 것을 경험합니다.

우리 인생에 1% 부족한 것이 있습니다. 1%의 영감은 있어도 그만, 없어도 그만인 것이 아닙니다. 결정적으로 중요한 것입니다.

문제는 영감입니다. 우리는 이것을 '성령의 감동'이라 부릅니다. 우리가 열심히 기도하는 이유도 여기에 있습니다. 우리가 기도할 때 성령께서는 문제의 해답을 준비하고 계십니다.

절대 후회 없음

윌리엄 보덴(William Boden)은 부모가 대부호여서 어릴 때부터 아시아, 아프리카 등 세계 곳곳을 다녔습니다. 그러면서 아주 불쌍하고 가난하며 질병에 시달리는 사람들을 보게 되었습니다. 그는 마음에 큰 충격을 받고 부담을 느껴 예일 대학을 졸업한 뒤 프린스턴 신학교에 들어가기로 결심했습니다.

그는 신학교 입학 전에 자신이 물려받을 유산을 다 정리했습니다. 그리고 신학교에 입학해서 성경 첫 페이지에 이렇게 썼습니다.

No Reserve!

'(나를 위해) 아무것도 남기지 않겠다' 는 뜻입니다.

프린스턴 신학교를 졸업하기 전 어느 날, 집에서 급한 연락이 왔습니다. 부친이 돌아가셨으니 이제 집으로 와서 집안을 대신 이끌어야 한다고 했습니다. 그는 고민하고 기도했습니다. 그때 그는 다시 성경 첫 페이지에 이렇게 기록했습니다.

No Retreat!

'후퇴하지 않겠다'는 뜻입니다.

그는 무슬림에게 복음을 전하기 위해 아랍어를 배우러 이집트로 갔습니다. 그리고 4개월 뒤, 미국에 있는 그의 가족들은 비보를 들었습니다. "윌리엄 보덴이 이집트에서 병으로 사망했다"는 것이었습니다. 윌리엄 보덴은 이집트에 가서 척수 뇌막염에 걸린 지 한 달도 안 되어 사망했습니다. 그의 나이 겨우 26세였습니다. 그는 자기가 원하던 선교지에 발도 디디지 못했습니다.

그의 유품이 미국에 있는 집으로 돌아왔는데, 그의 성경 첫 페이지에는 마지막 세 번째 문장이 기록되어 있었습니다.

No Regret!

'절대 후회 없음'이라는 뜻입니다.

기도로 시작된 나라

　대한민국의 첫 국회가 소집된 날은 1948년 5월 31일입니다. 이른바 '제헌의회'라 일컫습니다.
　제헌의회가 열리면서 첫 번째 한 일은 임시의장을 선출하는 것이었습니다. 이때 임시의장으로 뽑힌 사람은 이승만 박사였습니다. 이승만 박사는 제헌의회의 첫 번째 모임에서 임시의장으로 뽑히게 되자 단상에 올라 이렇게 말했습니다.
　"우리 신생독립국 대한민국이 태어나게 하신 이는 여호와 하나님이십니다. 그러므로 우리 먼저 하나님께 감사 기도부터 드리도록 하겠습니다."
　그리고는 당시 국회의원 중에 목사였던 이윤영 목사에게 기도 순서를 부탁했습니다. 이에 이윤영 목사는 단상에 올라 사회자석에 서서 대한민국이 태어나게 인도하신 하나님께 감사 기도를 드렸습니다. 그때 이윤영 목사의 기도 전문이 국회 속기록 첫 페이지에 그대로 실려 있습니다.
　우리나라는 기독교 국가도 아닌데 출발하는 첫 시간부터 기도로 시작했습니다. 이 사실은 결코 평범한 것이 아닙니다. 이 나라는 하나님의 은혜와 계획 안에서 세워져 그 뜻을 따라 다스려지는 나라입니다.

　조국, 나라, 민족을 우리는 수시로 잊어버리며 삽니다. 그러나 지금은 나라를 위해 함께 기도할 때입니다.

용기와 지혜가 필요한 사역

빗을 생산하는 공장에 세 명의 영업사원이 있었습니다. 하루는 사장이 그들에게 엉뚱한 과제를 주었습니다.

"절에 가서 스님들에게 빗을 팔고 오시오."

첫 번째 영업사원은 빈손으로 돌아왔습니다. 뻔한 결과였습니다.

그런데 두 번째 영업사원은 놀랍게도 빗 수십 자루를 팔고 돌아왔습니다. 비결인즉, "스님들! 얼굴을 뵈니 정좌를 하시며 너무 오랫동안 앉아 계셔서 혈액 순환에 큰 문제가 생긴 것 같습니다. 이 빗을 가지고 자주 머리를 지압해 주면 혈액 순환도 잘되고 여러 합병증도 억제할 수 있습니다."라고 말하니 많이들 구입하더라는 것입니다.

그런데 세 번째 절에 다녀온 영업사원은 더 놀랍게도 빗을 무려 수백 자루를 팔았고 주문도 많이 받아 왔습니다. 비법을 물으니, 그는 스님들에게 이렇게 말했다고 합니다.

"스님, 참 많은 신도들이 예불을 하고 있네요. 그런데 신도들이 향을 태우다 보면 머리에 재가 많이 묻지 않습니까? 그때 절에서 이 빗을 준비했다가 그들에게 선물하면 너무 고맙게 생각하면서 앞으로 더 많이 찾아올 것이 분명합니다. 뭐, 제가 장사하려는 것이 아니라 스님을 조금이라도 돕고 싶은 충정에……"

　전도는 마치 스님에게 빗을 팔듯이 해야 합니다. 즉 용기와 지혜가 필요한 하나님의 사역입니다. 시대에 맞는 지혜를 구합시다.

마음과 몸으로 드리기

영국에서 각종 병으로 시달리는 아프리카를 위해 선교헌금을 드릴 때 있었던 일입니다.

어느 교회에서 헌금을 하려고 헌금 접시를 돌렸습니다. 우리는 헌금함이나 헌금주머니에 헌금을 하지만 당시 서양은 세숫대야처럼 넓적한 은 접시에 헌금을 했습니다. 큰 은 접시가 돌아갈 때마다 사람들은 헌금을 얼마씩 올려놓았습니다.

그러다가 한 어린아이 앞에 은 접시가 이르렀습니다. 아이는 주저 없이 그 헌금용 은 접시 위에 올라앉았습니다. 어이가 없었던 한 사람이 "왜 거기에 올라앉았니?" 하고 물었습니다. 그러자 아이는 이렇게 대답했습니다.

"저는 돈이 없습니다. 그 대신에 아프리카를 위해 저를 드리겠습니다."

바로 이 아이가 훗날 위대한 아프리카의 성자 데이비드 리빙스턴입니다. 그는 그리스도를 위하여 일생을 온전히 바쳤습니다.

헌금은 불우이웃을 돕기 위해 모금하는 것이 아니라 '드리는' 것입니다. 그것도 자원함과 기쁨으로 드리는 것입니다. 단순히 물질만을 드리는 것이 아니라 마음과 몸도 함께 드릴 수 있기를 바랍니다.

순수함으로

미국의 한 아이가 소아암으로 죽어가고 있었습니다. 부모가 여러 말로 위로해 보았지만 한계가 있었습니다. 그래서 이제는 성경 말씀을 읽어주곤 했습니다.

어머니가 시편 23편을 읽어주었습니다.

The LORD is my shepherd(여호와는 나의 목자시니).

그리고 설명해 줍니다.

"얘야, 이 말씀은 다섯 개의 단어로 되어 있지? 그중에서 네 번째 단어(my)가 가장 중요하단다. 하나님이 너의 목자가 되신다는 뜻이야. 명심하렴."

그러다 아이디어가 떠오른 어머니는 왼손 네 번째 손가락에 반지를 끼워주었습니다. 그러고는 이렇게 말했습니다.

"자, 네 번째 단어를 꼭 기억하렴."

다음 날 새벽, 어머니가 일어나 보니 아이는 죽어 있었습니다. 너무 슬펐습니다. 그래도 위로받을 수 있었습니다. 아이가 오른손으로 왼손 네 번째 손가락을 꼭 잡고 있었기 때문입니다. 아이는 그 믿음대로 평안한 모습으로 천국에 들어갔습니다.

순수함이란 어린아이의 마음입니다. 천국도 어린아이 같아야 들어갈 수 있다고 했습니다. 마음에 불순물이 있으면 하나님 나라에 갈 수 없습니다.

소망의 'C'

누군가가 이런 이야기를 했습니다.

인생은 'B'로 시작하여 'D'로 끝난다. 그런데 중간에 'C'가 있어서 소망이다.

'B'는 출생(Birth)을, 'D'는 죽음(Death)을 의미합니다. 그런데 'C'는 '4C'를 말한다고 합니다. '4C'란 '선택'(Choice), '변화'(Change), '기회'(Chance), '도전'(Challenge)입니다.

그런데 이렇게 다시 고쳐서 말하면 어떨까요?

인생은 'B'로 시작하여 'D'로 끝난다. 그런데 중간에 'C'가 있어서 소망이다. 그 'C'는 예수 그리스도(Christ)이다.

인생은 출생으로 시작하여 죽음으로 끝나지만, 예수님이 중간에 계시기에 우리에게는 소망이 있습니다. 성경은 말씀합니다.

"우리 주 예수 그리스도의 하나님 아버지께 찬양을 드립시다. 하나님께서는 그 크신 자비로 우리를 거듭나게 하시고, 예수 그리스도를 죽은 사람 가운데서 다시 살리심으로써, 우리에게 산 소망을 안겨주셨습니다"(벧전 1:3, 표준새번역).

소망이 된 죽음

저는 대학을 졸업하지 못했습니다. 오늘 저는 제 인생의 세 가지 이야기를 해드리려고 합니다.

먼저, 인생의 전환점에 관한 이야기입니다. 지금 여러분은 미래를 알 수 없습니다. 다만 여러분은 현재가 미래와 연결된다는 것을 알아야 합니다. 아무리 험한 길이라도 그것이 인생의 모든 차이를 빚어냅니다.

두 번째는 사랑과 상실에 관한 것입니다. 때로는 인생이 배신하더라도 결코 믿음을 잃지 마십시오. 저를 계속 움직이게 했던 힘은 제 일을 사랑하는 것뿐이었습니다. 여러분이 사랑하는 일을 찾아야 합니다. 내가 위대하다고 믿는 일을 하는 것만이 진정한 만족을 줄 것입니다. 위업을 달성하는 것은 당신의 일을 사랑하는 것뿐입니다.

세 번째는 죽음에 관한 것입니다. 매일 인생의 마지막 날처럼 산다면 언젠가 의인이 되어 있을 것입니다. 죽음은 아무도 피할 수 없는 우리 모두의 숙명입니다. 왜냐하면 삶이 만든 최고의 발명이 죽음이니까요. 죽음은 삶을 대신하여 변화를 만듭니다.

여러분의 시간은 한정되어 있습니다. 따라서 다른 사람의 삶을 사느라 시간을 낭비하지 마십시오.

– 스티브 잡스(Steve Jobs), 2005년 6월 12일, 스탠포드 대학 졸업식에서

스티브 잡스의 연설문을 읽으면서 예수님의 가르침들이 생각났습니다. 그분의 인도하심과 계획, 사랑, 보호, 다스림, 영원함, 진리, 생명……. 모두가 누군가의 죽음을 애도하지만, 또한 죽음이 있어서 우리에게 소망이 있습니다.

HUDDLING

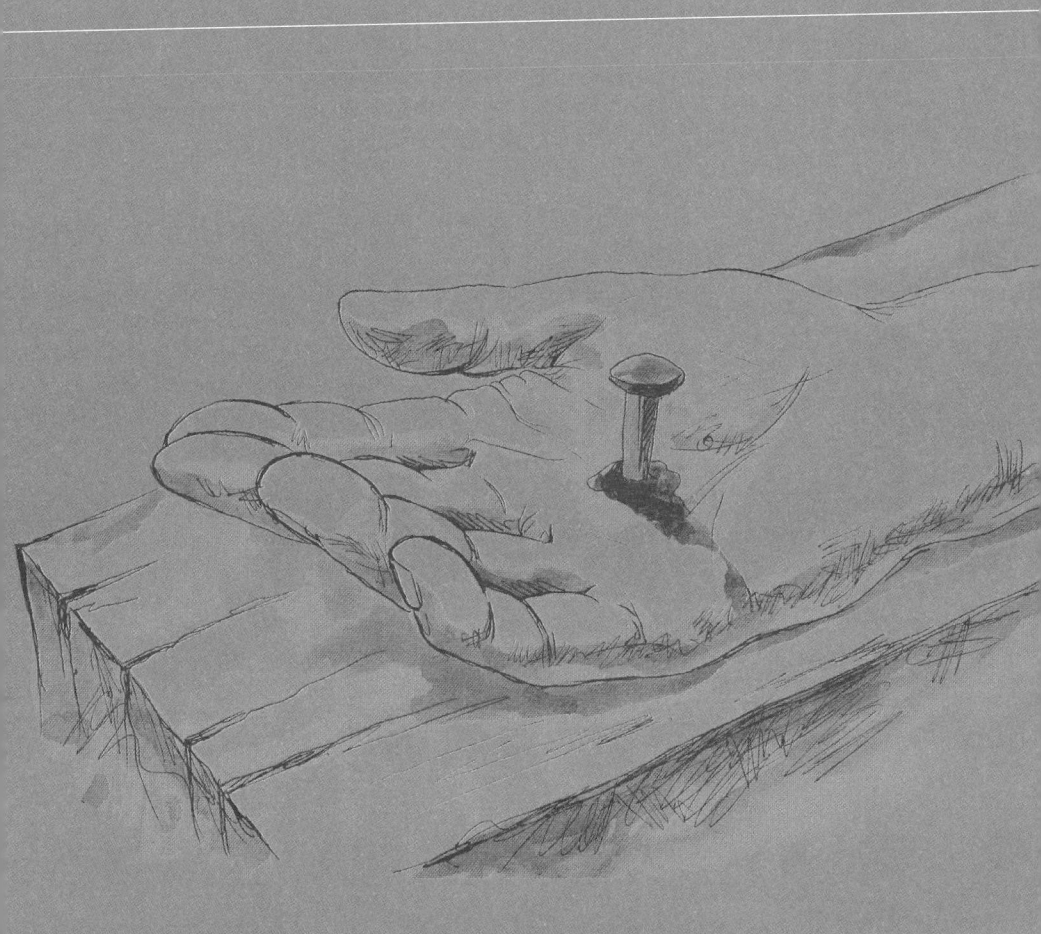

제5부

고난

인내로 열매를 / 최고의 축복 / 멈추지 않는 도전 / 죄의 유혹 / 내 눈에 장이 없었더면 / 치리의 십자가와 부름의 십자가 / 대개 허락하신 십자가 / 성공한 사람들의 공통점 / 영광의 상처 / 연단의 차 / 고난 이후, 축복 / 신성한 축복 / 하나님의 뜻 / 좋은 것을 얻는 데는 시간이 필요합니다 / 신뢰하는 자의 명 / 아름다운 변화

인내로 열매를

숲 속에서 두 사람의 벌목꾼이 100년이 훨씬 넘어 보이는 거목을 벌채하고 있었습니다. 나무를 자르자 나이테에서 독특한 점이 발견되었습니다. 다른 나이테와는 달리 다섯 줄의 나이테가 아주 촘촘히 위치해 있었고, 그 바깥쪽으로는 넓은 간격을 두고 나이테들이 나 있었습니다.

한 벌목꾼이 아주 촘촘히 나 있는 다섯 줄의 나이테를 보고 말했습니다.

"이 나무는 5년간의 가뭄 기간 동안 전혀 자라지 못했군."

그러자 다른 벌목꾼이 그와는 다른 의견을 말했습니다.

"물론 가뭄 기간에는 크게 자라지 못했지. 하지만 가뭄으로 인해 양분을 얻으려고 깊이 뿌리를 내렸고, 뿌리가 깊어지면서 성장할 수 있는 조건을 갖게 되었지. 인내를 가지고 고난을 이겨냈기에 이런 거목이 될 수 있었던 거야. 나중에 생긴 나이테를 보게. 넓은 간격을 두고 생긴 것이 그 증거일세."

이를 조용히 듣고 있던 벌목꾼은 고개를 끄덕이며 말했습니다.

"흠, 5년간의 가뭄 기간은 이 나무의 일생에서 매우 중요한 시기였군, 그래."

 인생길에서 순탄한 길만을 걸어온 사람은 거의 없을 것입니다. 하지만 얼마나 인내력을 발휘하여 끈기 있게 노력했느냐에 따라서 그 사람의 성공 여부는 결정되는 것 같습니다. 인내는 쓰나 그 열매는 매우 단 이치와 똑같은 것입니다.

최고의 희망

1930년 초 미국은 심각한 대공황을 겪고 있었습니다. 어느 날 클레어린스 목사는 공장이 밀집된 지역에 위치한 한 흑인 교회의 초청으로 설교를 하게 되었습니다. 그 교회의 신자들은 대부분 극빈자들로, 반 이상이 실직을 당했습니다. 그런데 교인들이 부르는 찬송은 힘과 희망으로 넘쳐 있었습니다.

"예수는 나의 힘이요 내 생명 되시니……."

그들의 표정에서는 절망의 빛을 찾을 수 없었습니다. 클레어린스 목사는 설교를 중단하고 교인들에게 물었습니다.

"여러분! 지금은 대공황 시기입니다. 실업자가 계속 증가하고, 도무지 희망이 안 보입니다. 그런데 여러분은 무엇이 그리 즐겁습니까?"

그때 한 교인이 자리에서 벌떡 일어나 밝은 표정으로 대답했습니다.

"우리는 지금 예수 그리스도를 노래하고 있습니다."

희망은 희망을 갖는 사람에게만 존재합니다. 희망이 있다고 믿는 사람에게는 희망이 있고, 희망 같은 것은 없다고 생각하는 사람에게는 실제로도 희망이 없습니다. 예수 그리스도께서 우리 곁에 계신다는 사실이 최고의 희망입니다.

  믿음은 고난을 희망으로 바꾸는 힘이 있습니다. 믿음을 가진 사람은 고난의 밤에도 희망의 아침을 노래할 수 있습니다.

멈추지 않는 도전

2010년 8월, 강원도 태백시 운전면허시험장에서 있었던 일입니다. 2종 보통 운전면허 학과시험 합격자 명단이 나오자 직원들 모두가 일제히 환호성을 질렀습니다. 그들로 하여금 환호성을 지르게 한 주인공은 작은 채소가게를 운영하는 65세 홍종옥 할머니였습니다.

홍종옥 할머니는 2000년 2월, 이 시험장에서 학과시험에 처음 응시한 이후 번번이 낙방만 하다가 이날 합격 점수보다 5점 높은 65점으로 합격의 영광을 안았습니다. 시험 도전 10년, 206번째 만의 일입니다. 205전 206기입니다.

특히 홍종옥 할머니는 처음 응시할 때는 한글을 몰라 문맹자 시험에 응시했다가 시험을 계속 준비하면서 글을 깨치는 열의까지 보였습니다. 할머니의 남은 소원은 면허를 따서 배달을 편하게 하는 것이라고 합니다.

우리는 주저하고 망설이다가 놓치는 경우가 많습니다. 한 번 놓친 기회는 다시는 오지 않을 수 있습니다. 한 번 시도해서 안 되면 두 번, 두 번 해서 안 되면 세 번, 네 번, 열 번, 백 번을 반복해서라도 도전해야 합니다. 도전 없는 성공이란 있을 수 없습니다. 도전했다가 실패하면 50% 실패한 것이지만 도전조차 하지 않는다면 100% 실패한 것입니다. 도전만이 희망입니다. 뜻이 있으면 길이 보입니다.

죄의 유혹

에스키모인들이 이리를 사냥하는 법을 들은 적이 있습니다. 그들은 칼 한 자루와 짐승의 피만으로 이리를 잡는다고 합니다.

먼저 예리한 칼날에 짐승의 피를 발라 얼립니다. 그 위에 다시 피를 발라 얼리고, 또 피를 발라 얼리는 과정을 반복하여 피가 칼날을 완전히 덮을 때까지 계속합니다. 그런 다음 칼날이 위로 보이게 해서 칼자루를 땅에 단단히 박아놓습니다.

그러면 밤중에 이리가 피 냄새를 맡고 다가와 칼날을 핥기 시작합니다. 얼어붙은 짐승의 피와 싸늘한 금속이 이리의 혀를 마비시킵니다. 그렇게 핥다 보면 이리는 칼날에 자기 혀를 베어 더운 피 맛에 더욱 흥분하게 되고, 고통을 느끼지 못한 채 더욱 허겁지겁 핥게 됩니다. 결국 이리의 혀는 갈가리 베이고 맙니다. 그리고는 피를 흘리며 서서히 죽어갑니다.

우리에게 다가오는 죄의 유혹도 이와 같습니다. 욕망은 우리를 노예로 만듭니다. 죄는 우리를 사망으로 몰아냅니다.

우리는 스스로를 해방할 힘이 없습니다. 오직 예수님만이 우리를 죄로부터 자유케 하십니다.

"그러므로 아들이 너희를 자유롭게 하면 너희가 참으로 자유로우리라"(요 8:36).

내 등에 짐이 없었다면

내 등에 짐이 없었다면 나는 세상을 바로 살지를 못했을 것입니다
내 등에 짐 때문에 늘 조심하면서 바르고 성실하게 살아왔습니다
이제 보니 내 등의 짐은 나를 바르게 살도록 한 귀한 선물이었습니다

내 등에 짐이 없었다면 나는 사랑을 몰랐을 것입니다
내 등에 있는 짐의 무게로 남의 고통을 느꼈고
이를 통해 사랑과 용서도 알았습니다
이제 보니 내 등의 짐은 나에게 사랑을 가르쳐준 귀한 선물이었습니다

내 등에 짐이 없었다면 나는 아직 미숙하게 살고 있을 것입니다
내 등에 있는 짐의 무게가 내 삶의 무게가 되어
그것을 감당하게 하였습니다
이제 보니 내 등의 짐은 나를 성숙시킨 귀한 선물이었습니다

내 등에 짐이 없었다면 나는 겸손과 소박함의 기쁨을 몰랐을 것입니다
내 등의 짐 때문에 나는 늘 나를 낮추고 소박하게 살아왔습니다

이제 보니 내 등의 짐은 나에게 기쁨을 전해 준 귀한 선물이었습니다

물살이 센 냇물을 건널 때는 등에 짐이 있어야 물에 휩쓸리지 않고
화물차가 언덕을 오를 때는 짐을 실어야 헛바퀴가 돌지 않듯이
내 등의 짐이 나를 불의와 안일의 물결에 휩쓸리지 않게 했으며
삶의 고개 하나하나를 잘 넘게 하였습니다

내 나라의 짐, 가족의 짐, 직장의 짐, 이웃과의 짐, 가난의 짐,
몸이 아픈 짐, 슬픈 이별의 짐들이
내 삶을 감당하는 힘이 되어
오늘도 최선을 다하는 삶을 살게 하였습니다

– 정용철, 마음이 쉬는 의자

착각의 십자가와 복음의 십자가

우리는 간혹 이런 이야기를 주저 없이 하기도, 듣기도 합니다.

"모든 것을 다 나의 십자가로 생각하고 참고 살아야지요. 십자가로 생각하고 견디고 있습니다."

그런데 문제는 자기의 부주의로 인한 실패와 고통을 십자가로 생각하는 경우입니다. 자신이 몸 관리를 잘 못하고 음식에 지나친 탐욕을 부리다가 얻은 병을 십자가로 생각하는 사람이 있습니다. 지금의 가난이 한때 방탕하고 사치해 생긴 것인데 그것을 십자가로 간주하는 사람도 있습니다. 자신의 분명한 잘못과 실수로 야기된 고난도 십자가로 생각합니다. 그것은 오해이고 자기 합리화이며 변명과 핑계입니다.

그러므로 십자가에는 두 종류가 있습니다. 착각의 십자가와 복음의 십자가입니다. 착각의 십자가는 고난은 고난이되 신앙 때문에 얻게 된 고난이 아니라 인간의 욕심과 죄로 인해서 생긴 고난입니다. 반면 복음의 십자가는 신앙을 버리면 만나지 않을, 순전히 예수님을 믿기 때문에 당하는 고난입니다.

지금 내가 지고 있는 십자가는 착각의 십자가입니까, 아니면 복음의 십자가입니까?

내게 허락하신 십자가

이집트의 마카리우스(Macarius)는 '사막의 성자'라고 불리는 사람입니다. 한번은 그가 꿈을 꾸었습니다. 꿈에 예수님이 무거운 십자가를 지고 힘들게 걸어가고 계셨습니다. 그 모습을 본 마카리우스는 예수님께 다가가 이렇게 말했습니다.

"오, 주여! 그 십자가를 제게 주십시오. 제가 그 십자가를 지겠습니다."

그런데 예수님은 아무 말씀도 하지 않으시고 그저 묵묵히 무거운 십자가를 지고 계속해서 걸어가셨습니다.

마카리우스는 계속해서 예수님을 졸랐습니다.

"오, 주여! 그 십자가를 제게 주십시오. 제가 지겠습니다."

그러자 예수님이 그를 향해서 이렇게 말씀하셨습니다.

"아들아, 네가 져야 할 십자가는 저기 있느니라. 가서 너의 십자가부터 먼저 지고 내게로 오너라. 그러면 내 십자가를 주겠노라."

마카리우스가 자신이 져야 할 십자가를 지고 예수님께 오자 예수님의 어깨에 지워져 있던 십자가가 사라졌습니다. 그는 깜짝 놀라서 예수님께 물었습니다.

"오, 주여! 주님의 십자가를 누가 대신 졌습니까?"

그때 예수님은 미소를 띠면서 이렇게 말씀하셨습니다.

"사랑하는 내 아들아! 네가 나를 사랑하는 마음으로, 기쁨으로 십자가를 지는 것이 곧 나의 십자가를 대신 져주는 것이란다."

우리도 하나님이 맡겨주신 십자가를 싫어하지 않고 끝까지 잘 감당해야 될 것입니다. 하나님이 허락하신 십자가를 기쁨으로 지고 가야 합니다.

성공한 사람들의 공통점

〈3학년 - 1월 4일〉

축구 끝나고 돌아오니 다리가 얼 정도로 추웠다.

얼어붙은 동태가 되는 줄 알았다.

그래도 축구 끊을 생각은 전혀 없다.

〈4학년 - 5월 10일〉

지금까지 축구를 해봤지만 고달프고 힘은 든다.

오늘은 특히 힘들었다.

'다른 사람도 참는데 내가 못 참으랴' 하면서 했다.

힘들지만 참아서 목표를 달성할 것이다.

〈10월 10일〉

아빠가 축구를 하지 말라기에 두려웠다.

이유는 내 꿈이 축구 국가대표이기 때문이다.

- 박지성 축구선수, 초등학교 일기장

평발이어서 축구선수가 될 수 없었던 박지성 선수는 남들보다 몇 배 더 연습, 또 연습을 하여 자신의 약점을 극복하고 오늘날 세계적인 축구선수가 되었습니다.

성공한 사람들의 한결같은 공통점이 하나 있습니다. 한번 시작하면 절대 포기하지 않는다는 점입니다.

영광의 상처

상처를 입은 젊은 독수리들이 벼랑으로 모여들기 시작했습니다. 날기 시험에서 낙방한 독수리, 짝으로부터 따돌림을 받은 독수리, 윗 독수리로부터 할큄을 당한 독수리 등이 있었습니다. 그들은 이 세상에서 자기들만큼 상처가 심한 독수리는 없을 것이라고 생각했습니다. 그들은 사는 것이 죽느니만 못하다는 데 금방 의견을 같이했습니다.

이때 망루에서 파수를 보고 있던 영웅 독수리가 쏜살같이 내려와 그들 앞에 섰습니다.

"왜 자살하고자 하느냐?"

"괴로워서요. 차라리 죽어버리는 것이 낫겠어요."

그 말을 듣고 영웅 독수리가 말했습니다.

"나는 어떨 것 같은가? 상처 하나 없을 것 같지? 그러나 이 몸을 봐라."

영웅 독수리가 날개를 펴자 여기저기 빗금 진 상흔이 나타났습니다.

"이것은 날기 시험 때 솔가지에 찢겨 생긴 것이고, 이것은 윗 독수리한테 할퀸 자국이다. 그러나 이것들은 겉에 드러난 상처에 불과하다. 마음의 빗금 자국은 헤아릴 수도 없다."

다시 영웅 독수리가 조용히 말했습니다.

"일어나 날자꾸나! 상처 없는 새들이란 이 세상에 나자마자 죽은 새들이다. 살아가는 우리 가운데 상처 없는 새가 어디 있으랴!"

정채봉의 모래알 한가운데에 수록된 글입니다.

어떤 일에도 완벽함은 없습니다. 완벽하도록 최선의 노력을 다할 뿐입니다. 그러다가 손이 베이면 상처를 입게 됩니다. 하지만 그 상처는 고통이 아니라 영광의 상처입니다. 또 다른 승리를 위해 있는 상처입니다.

염려의 쥐

쥐는 설치류(齧齒類)에 속하는 동물입니다. 설치류는 땅 위에서나 땅속에서는 살 수 있지만 하늘 높이 올라가면 죽습니다. 설치류에 속하는 쥐가 비행기 안에 들어가서 기계의 전선 하나라도 긁어 먹으면 큰 사고로 이어집니다.

오래전 한 비행사가 비행 중에 쥐를 발견했습니다. 위기의 순간, 그는 지혜를 발휘해 2만 피트나 되는 높은 상공으로 비행을 했습니다. 그러자 곧 쥐가 죽었고 위기를 모면할 수 있었습니다.

우리의 삶에서 염려의 쥐를 잡아야 합니다. 그렇지 않으면 비행기가 추락하듯이 신앙이 추락할 수 있습니다. 염려의 쥐를 잡으려면 기도와 말씀으로 영적인 고도를 높여야 합니다. 하늘을 향하여 올라가십시오. 영적인 고도가 높아지면 염려의 쥐는 즉각적으로 죽고 말 것입니다.

"아무것도 염려하지 말고, 모든 일을 오직 기도와 간구로 하고, 여러분이 바라는 것을 감사하는 마음으로 하나님께 아뢰십시오. 그리하면 사람의 헤아림을 뛰어넘는 하나님의 평화가 여러분의 마음과 생각을 그리스도 예수 안에서 지켜줄 것입니다"(빌 4:6-7, 표준새번역).

고난 이후 축복

이를테면, 고드름 달고
빳빳하게 벌서고 있는 겨울 빨래라든가
달무리 진 밤하늘에 희미한 별들,
그것이 어느 세월에 마를 것이냐고
또 언제나 반짝일 수 있는 것이냐고 묻는다면
나는 대답하겠습니다

빨래는 얼면서 마르고 있다고,
희미하지만 끝내 꺼지지 않는 게
세상엔 얼마나 많으냐고 말입니다

상처를 터뜨리면서 단단해지는 손등이며
얼어붙은 나무껍질이며
거기에 마음 끝을 부비고 살면 좋겠다고,
아니면 겨울 빨래에 작은 고기 한 마리로 깃들여 살다가
그것이 마르는 날

나는 아주 없어져도 좋겠다고 말입니다

– 나희덕, 〈빨래는 얼면서 마르고 있다〉

큰 시련을 당하면 매우 힘들고 고통스럽습니다. 그러나 견디기 어려운 그 시련과 절망의 시간이 오히려 축복의 시간이 될 수 있음을 기억해야 합니다.

진정한 축복

〈내가 주인 삼은〉이라는 찬양의 작곡가 전승연 씨는 당시 경희대학교 의과대학 본과 3학년에 재학 중인 의대생이었습니다. 놀라운 사실은 그녀는 음악을 정식으로 배운 적이 없다는 것입니다. 능숙하게 다룰 줄 아는 악기도 없었습니다. 그런데 어떻게 이런 감동적인 찬양을 작곡하게 되었을까요?

당시 그녀는 C.C.C. 의료선교단체인 아가페에서 매달 한 번씩 채플을 드렸고, 그 예배의 찬양 인도를 맡고 있었습니다.

어느 날 그녀는 예배드리러 나온 많은 사람들이 예배에 집중하지 못하고 자신만의 생각에 잠긴 것을 보고 안타깝게 여기며 기도했습니다. 그런데 바로 그날 저녁 하나님이 마음 가운데 "네가 주인 삼고 사랑했던 모든 것을 내려놓으라"는 마음을 주셨고 신기하게도 음이 저절로 떠올랐습니다.

그리고 며칠 후 버스 안에서 말씀을 묵상하던 중 또다시 입술에서 저절로 찬양이 흘러나왔는데 그것이 바로 "주 사랑 거친 풍랑에도"로 시작하는 후렴 부분이었습니다. 결국 이 찬양은 성령께서 작곡하신 셈입니다.

희망이 있는 곳에서는 누구나 희망의 노래를 부를 수 있습니다. 그러나 모든 희망이 사라지고 오로지 절망만 남아 있을 때 희망을 노래할 수 있다면 그것은 축복입니다.

인생의 풍랑 중에서 부르는 노래가 진정 희망의 노래, 생명의 노래입니다.

하나님의 뜻

나는 하나님께 나의 나쁜 습관을 없애달라고 기도했다.
God said No(하나님은 안 된다고 말씀하셨다)!
나쁜 습관은 내가 없애주는 것이 아니라 네가 포기하는 것이다.

나는 하나님께 장애아를 완벽하게 고쳐달라고 기도했다.
God said No!
그의 영혼은 완벽하단다. 그의 몸은 잠깐이란다.

나는 하나님께 인내를 달라고 기도했다.
God said No!
인내는 긴 고통의 산물이다. 그것은 주어지는 것이 아니라 배우는 것이다.

나는 하나님께 행복을 달라고 기도했다.
God said No!
나는 너에게 축복을 주었다. 행복은 너에게 달렸다.

나는 하나님께 고통을 없애달라고 기도했다.

God said No!

고통은 네가 세상의 관심에서 벗어나서 나에게로 더 가까이 오게 한단다.

그러므로 우리는 기도하며 하나님의 뜻을 기다려야 합니다. 기도하는 가운데 하나님은 우리에게 길을 보여주시며 합력하여 선을 이루는 환경으로 인도해 주십니다.

좋은 것을 얻는 데는 시간이 필요합니다

1500년경 이탈리아의 화가 레오나르도 다 빈치(Leonardo da Vinci)에게 귀족인 존 코드가 찾아와 초상화를 그려달라고 요청했습니다. 그러면서 그는 "한 달이면 그릴 수 있나요?"라고 물었습니다.

"그렇게 못합니다."

"그러면 6개월 정도 걸립니까?"

"글쎄요."

"그러면 1년이면 됩니까?"

다 빈치는 잠시 침묵한 후 "그림 완성 기간은 제게 맡겨주십시오"라고 말했습니다. 그리고 그 후 4년 동안이나 그림을 그렸습니다. 그래도 미완성으로 그림을 마쳤다고 합니다.

세계적인 작품은 천재성만으로 되는 것이 아닙니다. 각고의 노력과 인내가 필요합니다.

하나님도 우리의 인생을 작품으로 만들어가시기 때문에 때로 우리가 생각하기에 너무나 많은 시간이 걸리는 듯합니다. 그러나 좋은 일이 일어나는 데는 시간과 인내가 필요합니다. 쉽게 얻을수록 쉽게 잃고, 쉽게 무너집니다.

나쁜 일에 빠져드는 데는 시간이 걸리지 않지만 거기에서 벗어나는 데는 상당한 인내가 필요합니다. 좋은 것일수록 그것을 얻는 데 긴 시간이 필요한 법입니다. 특히 하나님의 선물은 더욱 그렇습니다.

전진하는 자의 벗

　에이스 페르시발이라는 캐나다 출신의 운동 코치가 있었습니다. 그는 38년 동안 운동에 관한 과학적인 분석을 했습니다. 그 결과 한 가지 원칙을 만들어냈습니다. 그는 이 원칙을 올바르게 적용하는 사람이라면 누구나 다 훌륭한 선수가 될 수 있다고 결론을 내렸습니다.
　그가 선정한, 그가 만든, 그가 발견한 원칙이 무엇인지 아십니까? 아주 간단합니다.

　멈추지 말라!

　이 원칙은 우리의 삶에도, 우리의 신앙에도, 우리의 기도에도 적용될 수 있습니다.
　삶이란 바다 위를 항해하는 것과 같습니다. 항해를 하면서 바다가 늘 잔잔하기만을 기대한다면 착각입니다. 앞으로 향해 가는 사람에게 풍파는 언제나 따라다닙니다. 한 번 실패했다고 해서 인생이 끝나는 것이 아닙니다. 도전은 새로운 길을 내는 것과 같습니다.

최후의 성공자는 한 번도 넘어지지 않는 사람이 아니라 넘어질 때마다 다시 일어나는 사람입니다. 풍파는 전진하는 자의 벗입니다.

아름다운 변화

여우 같은 여자에서 여유 있는 여자로

화난 여자에서 환한 여자로

따지는 여자에서 따뜻한 여자로

착각하는 여자에서 자각하는 여자로

색기 있는 여자에서 색깔 있는 여자로

밝히는 여자에서 밝은 여자로

남들을 애먹이는 여자에서 남들 때문에 애태우는 여자로

답답한 여자에서 답을 아는 여자로

변화는 꿈틀대는 것입니다. 살아 있다는 증거입니다. 변화는 아픔입니다. 익숙한 것, 안락한 것과의 결별도, 새로운 것의 습득도 눈물과 고통을 필요로 합니다.

날마다 새로워지는 당신이 아름답습니다.

주님은 늘 우리를 사랑하십니다.
HUDDLING

사명선언문

너희가 흠이 없고 순전하여……세상에서 그들 가운데 빛들로
나타내며 생명의 말씀을 밝혀 _ 빌 2:15-16

1. 생명을 담겠습니다
만드는 책에 주님 주신 생명을 담겠습니다.
그 책으로 복음을 선포하겠습니다.

2. 말씀을 밝히겠습니다
생명의 근본은 말씀입니다.
말씀을 밝혀 성도와 교회의 성장을 돕겠습니다.

3. 빛이 되겠습니다
시대와 영혼의 어두움을 밝혀 주님 앞으로 이끄는
빛이 되는 책을 만들겠습니다.

4. 순전히 행하겠습니다
책을 만들고 전하는 일과 경영하는 일에 부끄러움이 없는
정직함으로 행하겠습니다.

5. 끝까지 전파하겠습니다
모든 사람에게, 땅 끝까지, 주님 오시는 그날까지
복음을 전하는 사명을 다하겠습니다.

서점 안내

광화문점 종로구 신문로 1가 58-1 구세군 회관 2층 (110-061)
  Tel 02) 737-2288 | Fax 02) 737-4623

강 남 점 서초구 잠원동 75-19 반포쇼핑타운 3동 2층 전관 (137-909)
  Tel 02) 595-1211 | Fax 02) 595-3549

구 로 점 구로구 구로 3동 1123-1 3층 (152-880)
  Tel 02) 858-8744 | Fax 02) 838-0653

노 원 점 노원구 상계동 749-4 삼봉빌딩 지하1층 (139-200)
  Tel 02) 938-7979 | Fax 02) 3391-6169

분 당 점 경기도 성남시 분당구 서현동 273-1 대현빌딩 3층 (463-824)
  Tel 031) 707-5566 | Fax 031) 707-4999

신 촌 점 마포구 노고산동 107-1 동인빌딩 8층 (121-806)
  Tel 02) 702-1411 | Fax 02) 702-1131

일 산 점 경기도 고양시 일산구 주엽동 83번지 레이크타운 지하 1층 (411-370)
  Tel 031) 916-8787 | Fax 031) 916-8788

의정부점 경기도 의정부시 금오동 470-4 성산타워 3층 (484-010)
  Tel 031) 845-0600 | Fax 031) 852-6930

인터넷서점 www.lifebook.co.kr